Sigrid Engelbrecht

Das Anti-Burnout-Buch für Frauen

Sigrid Engelbrecht

Das Anti-Burnout-Buch für Frauen

KREUZ

www.kreuz-verlag.de

Umschlaggestaltung: [rincón]² medien fmbh, Köln
Umschlagmotiv: © Sigrid Olson/ZenShui/Corbis
Autorenfoto: © privat

Satz: de·te·pe, Aalen
Herstellung: fgb · freiburger graphische betriebe
www.fgb.de

Gedruckt auf umweltfreundlichem, chlorfrei gebleichtem Papier
Printed in Germany

ISBN 978-3-451-61014-1

Inhalt

Vorwort 7

Was ist Burnout? 11

Wie kommt es zu einer chronischen Erschöpfung? 11
Die Phasen des Burnout-Prozesses 15

Zwischen Multitasking, Perfektionismus und Depression 26

Burnout bei Frauen, Burnout bei Männern 26
Das alltägliche Bermudadreieck: Der Job, der Haushalt, die Kinder 31
Be perfect! Die Ich-schaffe-alles-Falle 34
In der Mühle der Gefühle 40
Wie innere und äußere Ursachen zusammenwirken 43

Selbsttest: Wie Burnout-gefährdet sind Sie? 52

Die Anzeichen erkennen 52
Burnout-Selbsttest 54

So soll es nicht mehr weitergehen 60

Sie selbst steuern Ihr (Lebens-)Schiff 61
Burnout: »Wieso ich?« 62
Wie stark ist Ihr Veränderungswunsch? 64
Annehmen, was ist 65

7 Strategien der Burnout-Prävention 73

1. Vom Bermuda-Dreieck zum Balance-Dreieck: Setzen Sie Ihre Prioritäten neu 74
2. Mut zur Lücke 87
3. Grenzen spüren, Grenzen setzen 100
4. Noch weniger ist noch mehr: Delegieren und Ballast abwerfen 112
5. Den Akku aufladen: Sammeln Sie neue Kräfte 121
6. Sich wieder freuen können: Erkennen Sie Ihre persönlichen Kraftquellen 132
7. Bauen Sie auf Menschen, die Ihnen guttun 141

Den eigenen Weg finden und gehen 148

Praktische Konsequenzen: 3 Fallbeispiele 149
Ihr persönlicher Veränderungsplan 155

Literatur und Links 159

Wegweiser zum Test, zu den Checks und zu den Übungen 160

Vorwort

Burnout, dieser gefährliche Zustand andauernder Erschöpfung, kann Menschen nahezu jeden Alters und Berufs treffen, insbesondere Menschen in sozialen Berufen gelten als besonders gefährdet. Die Zahlen über die Verbreitung von Burnout schwanken, doch Fachleute sind sich einig darüber, dass Burnout im Begriff ist, zu einem Massenphänomen zu werden.

Allmählich setzt sich auch die Erkenntnis durch, dass Frauen in weitaus größerem Umfang von Burnout betroffen sind als Männer – obgleich die Gründe dafür eigentlich seit Langem auf der Hand liegen. Die Vielfachbelastungen einer berufstätigen Frau, die auch Mutter ist und dazu noch den Haushalt managen und in vielen Fällen auch als Pflegerin der alt gewordenen Eltern oder Schwiegereltern bereitstehen soll, fordern von Körper und Psyche einen hohen Tribut.

Burnout-Betroffene sind vor allem eines: erschöpft. Belastungsgrenzen können nicht Tag für Tag aufs Neue überdehnt werden, ohne dass dies ohne Folgen bleibt. Ist die Betroffene dann selber schuld, sich so zu verausgaben? Oder ist sie das Opfer der realen Lebens- und Arbeitsbedingungen in unserer Gesellschaft, die ihr keine andere Wahl lassen? Dies lässt sich nicht mit einem einfachen Entweder-Oder beantworten. Wichtig ist vielmehr, den Zusammenhang beider Faktoren zu sehen: Person *und* Umwelt. Menschen sind unterschiedlich belastbar, der eine mehr, der andere weniger. Doch auch eine äußerst widerstandsfähige Frau kann in einer langen Reihe von frustrierenden Ereignissen und andauernder Überforderung in die Erschöpfung getrieben werden. Andererseits gibt es aber auch innere Faktoren – Erwartungen, Überzeugungen, Denk- und Verhaltensmuster – die zusätzlich zu möglichen äußeren Faktoren anfällig für Burnout machen.

Erfahrungen aus meiner Tätigkeit als Trainerin und Coach haben mir gezeigt, dass Frauen mit dem Gedanken, etwas an ihrem Leben zu ändern, sich oft schon hart an ihrer Belastungsgrenze bewegen. Häufig geäußerte Wünsche sind dann: »Es soll einfach weniger werden«, »Ich will nicht mehr ständig so ausgepowert sein« oder auch »Ich will mich wieder freuen können«.

Deshalb konzentriere ich mich im Folgenden genau auf diese drei Aspekte: Freiraum schaffen, die persönliche Energie stärken und die Lebensfreude wiederentdecken. Ich werde zeigen, woran Sie einen beginnenden Burnout erkennen können und was es braucht, um gegenzusteuern. Besonders wichtig dabei ist, die persönlichen Grenzen ohne schlechtes Gewissen akzeptieren und auch verteidigen zu lernen.

Mit praktischen Übungen, Denkanstößen und Tipps erhalten Sie zahlreiche Impulse, wie Sie einem Burnout vorbeugen können. Treffen Sie Ihre Wahl, gehen Sie Ihren Weg: Die Übungen und Verhaltensweisen, die Ihnen jetzt in Ihrer Situation besonders hilfreich erscheinen, das sind »Ihre«! Die anderen stellen Sie vorerst zurück. Ganz gleich, womit Sie beginnen: Sie probieren und trainieren neue, konstruktive Verhaltensweisen. Das ist das, was Sie tun können. Unabhängig davon stellt sich die Frage, was sich an unseren Arbeits- und Lebensbedingungen verbessern müsste, damit Frauen eine echte Vereinbarkeit von Beruf und Familie leben können, ohne sich dabei permanent zu überfordern.

Um viel Nutzen aus diesem Buch zu ziehen, treffen Sie bitte jetzt eine Entscheidung: Entschließen Sie sich, nun tatsächlich mit den ersten Schritten zu beginnen, um einen möglichen Burnout abzuwenden und vorzubeugen. Gehen Sie dann Schritt für Schritt weiter. Und legen Sie sich bitte ein Arbeitsbuch zu, in das Sie begleitend zur Lektüre die Ergebnisse Ihrer Übungen, Ihre Erkenntnisse, Wünsche und Pläne eintragen.

Ich wünsche Ihnen eine gute und hilfreiche Lektüre. Und wenn Sie mich über meine Webseite

www.engelbrecht-media.de

Ihre Anregungen oder auch Kritik wissen lassen, bin ich Ihnen dankbar.

Ihre Sigrid Engelbrecht

Was ist Burnout?

Unter Burnout (englisch »to burn out« = ausbrennen) verstehen wir einen Zustand anhaltender körperlicher, emotionaler und mentaler Erschöpfung. Der Begriff wurde vom amerikanischen Psychoanalytiker Herbert Freudenberger geprägt, der den Zustand chronischer Erschöpfung erstmals in den 1970er Jahren untersucht hatte. In seinen Studien bezog er sich auf Personen, die in sozialen Berufen arbeiteten und sich im Laufe der Zeit von engagierten, mitfühlenden Kollegen in resignierte Zyniker verwandelten. Er sah dabei das Auseinanderklaffen von Erwartungshaltung und Realität als auslösenden Faktor an. Zudem stellte er fest, dass Burnout vor allem bei den Menschen auftrat, die von einem besonders hohen persönlichen Engagement sowie einem großen Leistungsanspruch an sich selbst geleitet waren. Auch zeigten die Probanden eine starke emotionale Bindung an ihre Arbeit, ihr Selbstwertgefühl gründete sich also wesentlich auf persönlichen Erfolg im Beruf oder auf ihre berufliche Position.

Wie kommt es zu einer chronischen Erschöpfung?

»Wer ausbrennt, muss einmal entflammt gewesen sein«, ist seit etwa Mitte der 1990er Jahre eine häufig gebrauchte Metapher. Dies legt nahe, dass es vor allem die hohe persönliche Einsatzbereitschaft und Begeisterung ist, die uns in die Erschöpfung treibt. Doch dies ist aus meiner Sicht oft gar nicht der entscheidende Faktor. Engagiert und »entflammt« zu sein ähnelt dem Zustand der Verliebtheit, wo ebenfalls die Euphorie dominiert und eine gewisse Verklärung der Realität stattfindet. Verliebtheit führt aber nicht zwingend zu enttäuschter Desillusionierung und dazu, dass in der Folge alles in die Brüche geht. Verliebtheit kann sich in Liebe und Bindung wandeln. In der Liebe sehen wir dann nicht nur die Schokoladenseiten, sondern auch die Schwächen und die Probleme unseres Partners, entscheiden uns aber trotzdem für ihn, weil wir ihn mitsamt seinen Fehlern schätzen und lieben – auch wenn nun der Himmel nicht mehr immerzu voller Geigen hängt.

So entsteht auch Burnout nicht automatisch infolge einer starken Identifikation mit dem Beruf und den täglichen Aufgaben. Vielmehr kann es auch hier so sein, dass ein anfänglicher Enthusiasmus zwar im Alltag »zurechtgestutzt« wird, sich daraus aber doch eine dauerhafte Freude, eine positives Grundgefühl entwickelt. Es sind weniger Begeisterung und hohes zeitliches und persönliches Engagement an sich, die uns an unsere Grenzen treiben. Es sind eher die Erwartungen, die andere an uns richten – unser Chef, die Kollegen, unser Partner, unsere Familie –, und unser eigener Anspruch, diesen vielfältigen Erwartungen möglichst optimal genügen zu wollen. Und natürlich spielen auch die konkreten Arbeits- und Umgebungsbedingungen eine große Rolle, was deutlich die Zunahme von Burnout-Erkrankungen zeigt.

In den letzten zwei Jahrzehnten hat sich die Gestaltung des Erwerbs- und Privatlebens stark verändert. Die fortschreitende Globalisierung der Wirtschaft, der Siegeszug von Internet und Handy und auch demografische Umbrüche beeinflussen unser heutiges Arbeitsleben und unsere Erholungsspielräume erheblich. Mehr Arbeit für weniger Beschäftigte, gestiegene Anforderungen in vielen Bereichen, Zeitverträge statt fester Anstellungen, unsichere, zunehmend nicht einmal die Existenz absichernde Arbeitsplätze, Mehrfachbelastungen, vor allem eben bei Frauen, und stetiger Zeitdruck – dies alles prägt den Alltag im 21. Jahrhundert. Faktoren, die natürlich Dauerstress und Erschöpfung fördern.

Zuträgliche Arbeitsbedingungen können viel Stress abfedern. Wenn wir relativ selbstbestimmt arbeiten können, Wertschätzung vom Chef erfahren und uns mit unseren Kolleginnen und Kollegen gut verstehen, wenn wir eine angemessene Bezahlung erhalten und auch Zeit und Möglichkeit haben, uns zu erholen, sind wir trotz eines möglicherweise recht hohen Arbeitspensums kaum burnoutgefährdet.

Wenn wir jedoch bei gleichem Arbeitspensum für unsere Ideen und Vorstellungen kein Gehör finden und kaum Kontrolle über unsere Arbeitsabläufe und die Einteilung unserer Zeit haben, sieht das schon anders aus. Tragen wir dann gleichzeitig noch hohe Verantwortung für die Ergebnisse und erfahren dabei weder finanziell noch persönlich Wertschätzung dafür, haben wir bald das Gefühl, ausgenutzt zu werden und in einem Hamsterrad zu rotieren. Und wenn uns dann noch die Zeit für uns selbst und unsere Erholung fehlt, dann muss sich das früher oder später rächen.

Ungünstige Arbeitsbedingungen führen oft dazu, dass wir uns noch mehr anstrengen, um unser Pensum trotzdem zu schaffen, und wenn dies nichts fruchtet, vielleicht noch mehr Zeit und Kraft aufwenden – bis irgendwann massive Selbstüberforderung droht. Einzelne der oben genannten Stressfaktoren lassen sich noch bewältigen, doch wenn mehrere zusammenwirken, kann das auch robuste Naturen in die Knie zwingen.

Das allgemeine Bestreben, immer mehr Arbeit auf immer weniger Schultern zu verteilen, um Kosten zu sparen, ist irgendwann ausgereizt. Ein Warnsignal sind bereits jetzt die Ausfalltage in vielen Betrieben, die Stress und Überlastung zuzuschreiben sind. Diese Zahlen steigen – auch in den Jahresberichten der Krankenversicherungen gut zu sehen – schon seit einigen Jahren kontinuierlich an.

Oft wollen Frauen, die an einem Burnout leiden, nicht wahrhaben, dass sie längst am Ende ihrer Kräfte sind, und schleppen sich auch dann noch durch den Arbeits- und Pflichtenalltag, wenn sie schon fast nicht mehr können. Dementsprechend lange dauert es auch, bis sie sich davon erholt haben und wieder gesund sind. So können Burnout-Betroffene dann für längere Zeit außer Gefecht sein, manchmal für Wochen oder auch Monate. Das wirkt sich natürlich auf die verbleibenden Kolleginnen und Kollegen aus, die in der Regel in der Zeit zusätzliche Arbeit übernehmen müssen und dabei riskieren, sich ihrerseits zu übernehmen.

Doch nicht allein die verschärften Arbeitsbedingungen sind es, die krank machen können. Vielfach kommen beim Burnout oft auch überhöhte individuelle Ansprüche an sich selbst dazu sowie der schon erwähnte Erwartungsdruck von anderen – Arbeitgebern, Kollegen, Partnern, Familie – und die Überzeugung, man müsste all diesen Erwartungen stets und ständig hundertprozentig gerecht werden.

So steigern sich oft äußere Anforderungen erst durch eigene Leistungsansprüche und Befürchtungen zum Super-Stress: »Ich muss das alles perfekt hinkriegen«, »Ich muss das einfach noch schneller schaffen«, »Wenn ich meinem Chef etwas ausschlage, komm ich auf die Abschussliste!«, »Nur wenn ich mein Tagespensum voll geschafft habe, fühle ich mich gut« und so weiter. Solche Glaubenssätze sorgen dafür, dass der Adrenalinspiegel hochschnellt – und oben bleibt. In grauer Vorzeit waren es gefährliche Raubtiere, die in unseren Vorfahren den Kampf-oder-Flucht-Reflex auslösten und den Körper mittels Hormonausschüttung zur Höchstform hochpeitschten. Heute bringt uns der allgegenwärtige Stress unablässig auf Hochtouren – der, der von außen kommt, und der, den wir uns, mittels unserer Ansprüche an uns selbst, unserer Erwartungen und Befürchtungen, selbst machen.

Die Phasen des Burnout-Prozesses

Bevor aus der ständigen Überlastung ein Burnout wird, vergehen oft Jahre, und diese Zeit ist geprägt vom zunehmend verzweifelten Bemühen, irgendwie mit der Situation und mit den immer deutlicher sich abzeichnenden Symptomen zurechtzukommen – und schließlich einfach nur noch zu funktionieren, bis es eben nicht mehr geht. Wir können dies mit einer Abwärtsspirale vergleichen, in der die Erschöpfung sich auf immer weitere Bereiche ausdehnt.

Häufig werden gerade die mentalen und psychischen Symptome ignoriert oder kleingeredet. Noch immer ist es gesellschaftlich wesentlich akzeptabler, einen Reizmagen oder Rückenprobleme zu haben, als zugeben zu müssen, die eigene Gedanken- und Gefühlswelt nicht mehr »managen« zu können. Daher scheuen Betroffene in der Regel den Gang zum Therapeuten, und so wird Burnout meist erst relativ spät festgestellt. Dies zieht dann entsprechend lange Therapiezeiten nach sich. Die in der Abwärtsspirale dargestellten 12 Phasen veranschaulichen, wie sich ein Burnout-Prozess langsam aufbaut und dann immer rascher an Fahrt gewinnt (siehe Seite 16).

Phase 1: Wir folgen dem Drang, uns unbedingt beweisen zu wollen

Gerade in der Anfangsphase sind die Übergänge zwischen starkem Engagement und überhöhten Ansprüchen an die eigene Leistungsfähigkeit fließend. Als Betroffene stehen wir öfters unter Zeit- und Erfolgsdruck und sind moti-

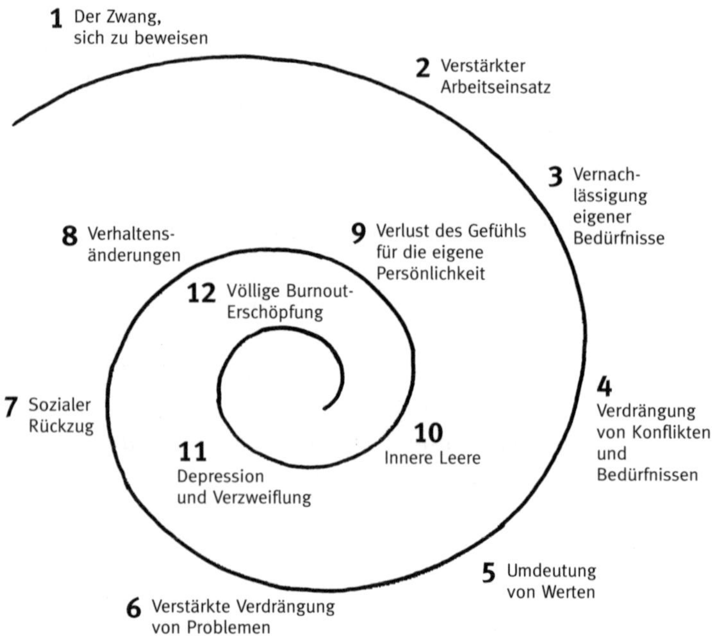

Phasenmodell in Anlehnung an Freudenberger und North (2002)

viert, alles möglichst gut zu schaffen. Dass dabei der Anspruch an uns selbst manchmal zu hoch gesteckt ist, erkennen wir zunächst nicht. Das Gefühl, alles auf die Reihe zu kriegen und unentbehrlich zu sein, lässt uns häufig persönliche Leistungsgrenzen überschreiten.

Zu Anfang eines Burnout-Prozesses steht manchmal schon ein diffuses Unwohlsein, das sich beispielsweise auch in Muskelverspannungen, Kopfschmerzen oder Schlafstörungen zeigen kann.

Phase 2: Wir verstärken unseren Einsatz weiter

Der Druck wächst, alles selbst und alles perfekt machen zu müssen, um unter Beweis zu stellen, dass wir allen

Anforderungen gewachsen sind. Delegieren sehen wir oft als zu zeitaufwändig und zu umständlich an – aber unterschwellig auch als eine Infragestellung unserer Schaffenskraft. Manchmal können wir dann aber trotz aller Anstrengung Aufgaben nicht mehr so erfüllen, wie es von uns erwartet wird oder wie wir es uns selbst abverlangen. Um das Formtief zu überdecken, wenden wir zunehmend mehr Energie auf.

In dieser Phase verstärken sich auch die psychosomatischen Beschwerden. Muskelverspannungen verfestigen sich, Kopfschmerzen werden häufiger, dazu können Magen- und Herzbeschwerden oder auch ein erhöhter Blutdruck kommen. Trotz Übermüdung liegen wir nachts häufig wach und finden keine Ruhe. Diese Symptome gehen aber meist wieder zurück, sobald wir an diesem Punkt unsere Grenzen erkennen und beschließen, kürzerzutreten und uns mehr Entspannung und Erholung zu gönnen.

Phase 3: Wir vernachlässigen unsere Bedürfnisse

Ignorieren wir weiterhin das Bedürfnis nach mehr Ruhe und Zeit für uns selbst, dann lässt der Wunsch, einen Ausgleich zu Arbeit und Pflichten zu schaffen, schließlich nach. Wir sind dann für alles und jedes einfach zu müde. Zu müde, um mit der Freundin einen Stadtbummel zu machen, zu müde um mit dem Partner ins Konzert zu gehen oder ein Hobby weiter zu pflegen. Wir können uns einfach zu nichts mehr aufraffen und meinen schließlich, solche Bedürfnisse eigentlich gar nicht zu haben: »Was bringt das schon?« Auch das Bedürfnis nach Sex und nach Zärtlichkeit flaut ab. Um »abschalten« zu können, setzen wir jetzt häufiger auch Alkohol oder Medikamente ein. Zusehends vergeht unsere Lebensfreude und mit ihr die Fähigkeit, uns erholen zu können. Pausen, Nachtschlaf, Wochenende, Urlaub führen immer seltener zu dem alten Leistungsniveau zurück. Der Körper »verlernt« das Entspannen, der unablässige Dauerstress selbst führt derweil zu noch mehr Anspannung. Die Erschöpfungsspirale dreht sich weiter.

Phase 4: Wir verdrängen Probleme und Konflikte

Obwohl wir nun deutlich spüren, dass etwas nicht stimmt, wollen wir dem aus Angst vor den Konsequenzen nicht auf den Grund gehen, sondern wiegeln ab. Vor allem wollen wir uns auch nicht von außen in die Karten schauen lassen und vielleicht als schwach, unzuverlässig oder psychisch wenig belastbar angesehen werden. Doch Einsatz und Ergebnis sind nicht mehr in Balance, das ist uns unterschwellig schon klar. An den zunehmenden Fehlleistungen wie Unpünktlichkeit, Verwechslung von Terminen, Flüchtigkeitsfehlern etc. lässt sich nicht gänzlich vorbeischauen. Da tauchen dann zwar Selbstzweifel auf, doch wir beruhigen uns selbst damit, dass dies alles nur vorübergehende Schwierigkeiten sind, und versuchen, durch noch härteren Einsatz alles wieder wettzumachen. In dieser Phase reagieren wir besonders empfindlich auf Kritik, aber auch auf gut gemeinte Hilfsangebote. Obwohl wir mit der eigenen Leistung unzufrieden sind, soll nicht der Eindruck entstehen, wir würden »schwächeln«.

Währenddessen verstärken sich die gesundheitlichen Probleme weiter.

Phase 5: Wir deuten Werte um

Die Vorstellung, den eigenen Ansprüchen und den vielfältigen Erwartungen anderer perfekt gerecht werden zu können, stellt sich als Illusion heraus. Die ersehnten Erfolge bleiben aus, stattdessen sehen wir überall die Defizite – bei uns selbst und auch bei anderen, sind zunehmend frustriert. Wir fühlen uns wie Sisyphos: Mühsam wird der Stein den Berg hinaufgewälzt, und kaum ist er oben, rollt er wieder herunter, und das bis in alle Ewigkeit.

So wird der Alltag zur Tretmühle. Uns bislang wichtige Ziele werden infrage gestellt und oft auch entwertet: »Wozu das Ganze eigentlich?« Soziale Kontakte erleben wir als belastend und gehen ihnen aus dem Weg, wo immer es geht. Wir sind enttäuscht von uns selbst und vom Leben ganz allgemein.

Phase 6: Wir leugnen Probleme und Konflikte noch stärker

Um weiter funktionieren zu können, verdrängen wir alle auftretenden gesundheitlichen und sozialen Probleme, wollen vor allem nicht wahrhaben, dass der Preis dafür, die Dinge am Laufen zu halten, längst zu hoch geworden ist. Ungeduld und Intoleranz kennzeichnen diese Phase. Auf vieles, womit wir bislang noch relativ gelassen umgegangen sind, reagieren wir nun gereizt und genervt, sind auch immer weniger bereit, uns in die Bedürfnisse anderer einzufühlen. Freunde und Kollegen ziehen sich gekränkt zurück. Gleichzeitig erleben wir nun immer offensichtlicher Leistungseinbußen und sind zutiefst unzufrieden mit uns selbst.

Auch die körperlichen Beschwerden verstärken sich massiv. Es entsteht ein Teufelskreis von Überforderung, Unzufriedenheit, Selbstanklage und dem Bestreben, es doch noch irgendwie zu schaffen, alles einfach durchhalten zu müssen.

Phase 7: Wir ziehen uns in uns selbst zurück

Die Reste unseres sozialen Netzes zerbröckeln. Wir empfinden die Menschen in unserer Umgebung überwiegend als aufdringlich, fordernd und oft auch als »falsch« oder feindselig. Wir fühlen uns unverstanden und abgelehnt und wollen nichts mehr mit anderen zu tun haben. Aus gemeinsamen Unternehmungen klinken wir uns aus, um Gespräche und Diskussionen machen wir einen Bogen oder sitzen einfach nur da, ohne uns zu beteiligen. Es ist uns egal, worüber da gerade geredet wird. Besorgte Nachfragen oder Hilfsangebote weisen wir schroff zurück, da wir uns sofort gemaßregelt fühlen. Um uns selbst vor Einmischung anderer zu schützen, gehen wir häufig so weit, eine Art innere Mauer zu errichten und niemanden mehr wissen zu lassen, wie es uns geht.

Phase 8: Unser Verhalten verändert sich deutlich
Andere sehen, dass wir leiden, wagen es aber nicht mehr, uns darauf anzusprechen. Allzu oft hatten wir Hilfsangebote zurückgewiesen und nun bleiben sie aus. So gehen Freunde und Kollegen uns lieber aus dem Weg, denn wir sind anstrengend im Umgang geworden. Immer häufiger reagieren wir auf relativ belanglose Vorkommnisse mit starken Emotionen: Wut, Angst, Tränen. Anschließend verurteilen wir uns selbst dafür, dass uns die Nerven durchgegangen sind, empfinden Scham deswegen und sondern uns noch weiter ab.

Phase 9: Das Gefühl für uns selbst schwindet
Wünsche, Bedürfnisse und Ziele, die wir hatten, bedeuten uns nichts mehr. Wir haben kein Interesse mehr an den Dingen, die uns einmal Freude gemacht hatten. Dies erscheint nun so weit weg, als sei es in einem anderen Leben gewesen. Stattdessen schleppen wir uns mehr oder minder durch den Tag, sind emotional kaum mehr belastbar. Jede Anforderung ist ein bleischweres Gewicht, das nach unten zieht. Hilflosigkeit und Ohnmachtsgefühle herrschen vor. Manchmal könnten wir ständig weinen.

Phase 10: Innere Leere
Unser emotionales Erleben reduziert sich fast völlig auf Angst und das Gefühl, völlig einsam zu sein und von niemandem verstanden zu werden. Wir fühlen uns aus-

gehöhlt, mutlos und leer. Vorherrschendes Thema ist, die vielfachen Ängste und die Hoffnungslosigkeit in Schach zu halten, oft auch mithilfe von Alkohol oder Medikamenten.

Phase 11: Depression und Verzweiflung
Die Erschöpfung dominiert. Wir sehen überhaupt keinen Sinn mehr im eigenen Tun und im eigenen Leben. Schließlich schlägt die Erschöpfung in völlige Verzweiflung um. Jegliche Lebensfreude ist uns abhandengekommen. Stattdessen wird die Hoffnungslosigkeit nun unser Dauerzustand und verdichtet sich immer mehr hin zur tiefen Depression. Jeder neue Morgen ist eine Qual. Oft tauchen nun auch Suizidgedanken auf.

Phase 12: Nichts geht mehr: Burnout
Dies ist die völlige mentale, körperliche und emotionale Erschöpfung. Wir fühlen uns außerstande, noch irgendetwas zu tun.

Wird ein beginnender Burnout ignoriert und nicht rechtzeitig gegengesteuert, können die Erschöpfungszustände zu chronischen physischen und psychischen Erkrankungen führen. Lang andauernde Arbeitsunfähigkeit ist dann oft die Folge. Umso wichtiger ist es, Burnout-Anzeichen frühzeitig selbst zu erkennen, um möglichst effektiv etwas dagegen unternehmen zu können. Je eher Sie gezielt gegensteuern, desto besser sind die Chancen, ohne bleibende gesundheitliche Schäden aus der Burnout-Spirale aussteigen zu können.

Interview mit Alice Welscher

Alice Welscher ist Abteilungsleiterin in einem mittelständischen Unternehmen, alleinerziehend, drei Kinder. Sie hat einen Burnout hinter sich.

Burnout ist in den letzten Jahren zum viel diskutierten Thema geworden. Was ist Ihre Definition, Frau Welscher?

Ausgebrannt sein. Das Bild eines brennenden Holzhaufens, von dem dann nur Asche bleibt. Burnout heißt für mich: Keine Kraft mehr haben, die Lebensfreude verlieren, so, als habe einem jemand den Stecker aus der Steckdose gezogen. Das Leben verblasst, hat keine Farben mehr. Es ist wie ein schwarzes Loch.

Wie fing es an?

In meiner damaligen Beziehung merkte ich plötzlich, dass mir etwas fehlt. Ich konnte es nicht so genau einordnen, verspürte einen inneren Hunger nach Liebe. Begriff damals nicht, dass ich überarbeitet war, begriff nicht, dass ich nicht Arbeit mit heim nehmen und dann weiterarbeiten kann bis nachts um elf und dann morgens um sechs einfach weitermachen. Ich spürte, dass mir die Reserven fehlten, reflektierte es aber nicht.

Wie zeigte es sich, dass die Situation eskaliert?

Meine sozialen Beziehungen wurden immer weniger. Ich wurde nie fertig mit dem, was zu tun war, kam nicht zur Ruhe, nahm keine Rücksicht auf mich, auch nicht bei Krankheit. So kurierte ich auch eine Grippe nicht aus, sondern stemmte unseren Umzug trotz

Grippe. Zwei Wochen später bemerkte ich Schwindel, kalte Füße, Schluckbeschwerden, häufige Übelkeit. Das hat sich alles so aufsummiert. Schon vorher hatte ich häufiger Kopfschmerzen und Schmerzen im Nacken, meine Schultern waren ständig hochgezogen, auch das verstärkte sich. Dann wurde ich mit Nierenversagen ins Krankenhaus eingeliefert. All die Jahre hatte ich viel investiert in Arbeit, nicht in Menschen, das holt einen irgendwann ein.

Manche Menschen sind bei einem Burnout nicht mehr fähig, die einfachsten Dinge zu machen. Wie war das bei Ihnen?
Man braucht ja für alles Energie: um zu arbeiten, um Leben zu genießen und so weiter. Normalerweise bin ich ein sehr energiegeladener Mensch, doch auf einmal ging die Energie immer mehr weg. Schließlich konnte ich neun Monate lang nur noch im Bett liegen, war zu nichts mehr fähig. Konnte nichts mehr machen. Es war, als wäre ich lebendig begraben.

Wir leben in einer Zeit, in der vor allem Frauen perfekt sein wollen: Karriere, Familie, Schönheit. Wie sehen Sie sich selbst?
Ich denke, Frauen sind perfektionistischer ausgerichtet als Männer. Ich bin früh zu Hause ausgezogen, mir hat niemand groß geholfen. Ich musste beweisen, dass ich etwas kann. Mit 25 Jahren habe ich schon eine Abteilung mit zehn Leuten geleitet. Ich wollte die Erwartungen erfüllen, die in mich gesetzt wurden, bin sicher perfektionistisch, wollte es zu etwas bringen.

Wie entsteht so ein Leistungsdenken im eigenen Leben?
Als Kind musste ich immer meine Arbeit machen, um Liebe zu kriegen. Wenn man funktioniert, wird man anerkannt, wenn nicht, gilt man nichts. Auch hatte ich als Kind nicht gelernt, Sport zu treiben, oder wie wichtig gute Ernährung ist.

Wie hat Ihr Arbeitgeber reagiert?
Sehr verständnisvoll. Ich hatte das Glück, dass mein Chef mir nicht meine Leitungsfunktion entzogen hat, sondern er eine andere Lösung fand. Ein Kollege sprang für mich ein und übernahm vorübergehend für neun Monate meinen Job.

Wie reagierten die Mitarbeiter?
Ich hatte mich vorher immer bemüht, gerecht und fair zu meinen Mitarbeitern zu sein. Nur ein einziger Kollege mobbte mich, das war der, der damals auch meine Stellung hatte haben wollen, sie aber nicht gekriegt hatte, das war etwas problematisch. Aber alle anderen zeigten Verständnis.

Was hat sich in Ihrem Leben seit dem Burnout verändert?
Sehr viel. Mittlerweile achte ich sehr stark auf mich, ernähre mich vernünftig, mache Taekwondo und Fitnesstraining und halte meine Pausen ein. Ausgleich und genügend Schlaf sind wichtig, Raubbau betreiben rächt sich. Seitdem ich so krank war, bemerke ich die Indizien sehr rasch, die mir zeigen, dass ich dabei bin, mich zu überfordern: Kalte Füße, Schluckbeschwerden, Schwindelgefühle sind

meine Warnzeichen. Und ich investiere viel mehr in soziale Beziehungen als zuvor. Bei Burnout ist auch die Einsamkeit ein Faktor. Umso wichtiger ist es, ein soziales Netzwerk aufzubauen, das einen auffangen kann.

Familie, Gesundheit, Beruf, das sind meine drei Standbeine. Auf zweien kann man auch noch stehen, aber auf einem nicht. Im Job habe ich daraus gelernt, Assistenz einzufordern, mir zu überlegen, was ich wie machen will. Ich könnte jetzt auch Vollzeit arbeiten, bleibe aber bei einer reduzierten Stundenzahl, denn ich will die Gegenwart mit meinen Kindern nicht irgendeiner Zukunft opfern. Karriere ist nicht alles. Die Lebensbasis sollte gesichert sein, doch darüber hinaus gibt es noch wichtigere Werte im Leben.

Worauf achten Sie heute besonders?
Die tägliche Bilanz darf nicht überzogen sein. Dazu gehört, tagsüber viele kleine Pausen zu machen, nicht am Stück arbeiten und dann nur abends Pause machen wollen, das funktioniert nicht. In meiner Freizeit Aktivitäten pflegen, bei denen ich mich entspannen und meine sozialen Kontakte bewusst pflegen kann.

Zwischen Multitasking, Perfektionismus und Depression

Lange Jahre hatte man beim Thema Burnout-Erkrankungen einseitig die berufliche Situation im Blick. Erst als immer deutlicher wurde, dass sich unter den Burnout-Betroffenen in allen Berufsfeldern überproportional viele Frauen fanden, begann man neu nachzudenken und nicht allein die berufliche Tätigkeit, sondern die ganze Lebenswelt zu untersuchen. Auffällig war dann, wie häufig sich Burnout bei berufstätigen Frauen mit Kindern zeigte, bei verheirateten ebenso wie bei alleinerziehenden.

Burnout bei Frauen, Burnout bei Männern

Bei einem sich zuspitzenden Burnout-Prozess gelten zwar für Frauen zunächst die gleichen Risikofaktoren wie für männliche Betroffene, doch es kommen weitere, speziell uns als Frauen betreffende Gesichtspunkte hinzu, die das Risiko für den dauerhaften Kräfteverschleiß verschärfen. Dies konnten auch neuere wissenschaftliche Studien belegen. Diese Faktoren, die den Unterschied ausmachen, betreffen so unterschiedliche Bereiche wie

- die konkreten Arbeitsbedingungen,
- gesellschaftliche Leitbilder und Rollenmodelle,
- familiäre Prägungen,
- physiologisch unterschiedliche Reaktionsweisen auf Stress.

Diese Faktoren beeinflussen einander wechselseitig und prägen das Selbstbild, die Entscheidungen und die Verhaltensweisen von Frauen wie auch von Männern.

Faktor 1: Die Berufswahl

Wenn wir die Begriffe »soziale Berufe« und »lehrende Berufe« konkretisieren, dann stellen wir schnell fest, dass es sich um typische »Frauenberufe« handelt. Pflege, Soziales, Bildung und Erziehung sind traditionell eine weibliche Domäne, während in den naturwissenschaftlich-technischen Berufen Männer überproportional vertreten sind. Auch heute noch folgt die Berufswahl von Mädchen und Jungen häufig diesen eingespurten Mustern.

Faktor 2: Ringen um Anerkennung und Wertschätzung

Generell sind Frauen nach wie vor weitaus häufiger an Arbeitsplätzen mit eingeschränkten Handlungs-, Entscheidungs- und Aufstiegschancen tätig als Männer. Auch empfinden sie eine größere Verpflichtung, zeitlich uneingeschränkt verfügbar sein zu müssen, wenn sie im Unternehmen vorankommen wollen.

Wenn Frauen sich beruflich in derselben Position wie Männer befinden, haben sie in ihrer Funktion oft mehr zu leisten, um eine ähnliche Wertschätzung zu erhalten. Besonders Frauen in Führungspositionen sind in ihrer Arbeit oft mit einem dauerhaften Kampf um angemessene Anerkennung konfrontiert. Sie fühlen sich öfter als Männer bei Entscheidungen übergangen und haben häufig den Eindruck, dass ihre Fähigkeiten zu wenig berücksichtigt werden.

Faktor 3: Ungleicher Lohn für gleiche Arbeit

Wie Christina Maslach, Burnout-Forscherin an der Berkeley-Universität in Kalifornien in einer Studie herausfand, spielt gefühlte Unfairness von Arbeitgebern gegenüber ihren Beschäftigten eine Hauptrolle beim Entstehen von Stress (The Measurement of Experienced Burnout, Maslach/Jackson 1981). Niedrigere Wertschätzung zeigt sich besonders dann deutlich, wenn es ums Geld geht. Noch immer erhalten Frauen für gleiche Tätigkeiten durchschnittlich fast ein Viertel weniger an Gehalt! Die Geringschätzung von Leistung, die sich darin spiegelt, ist ein klassischer Gefährdungsfaktor für Burnout. Zudem vergrößert das niedrigere Einkommen dann auch noch den Stress bei der Sicherung des Lebensunterhalts – vor allem bei Alleinerziehenden.

Faktor 4: Konflikte zwischen klassischer Frauenrolle und eigenen Wünschen und Bedürfnissen

Theoretisch gilt das klassische Rollenverhalten als überholt und es wird postuliert, beiden Geschlechtern sei es gleichermaßen möglich, sich ihre Rolle im Leben selbst zu wählen. In der Praxis sieht es jedoch so aus, dass Frauen sich nach wie vor stärker zuständig für Haus und Familie fühlen, als sie ihren Partner dafür in der Pflicht sehen. Und auch Männer sind es gewohnt, dass Frauen sich um Haushalt und Familie mehr kümmern, als sie selbst es tun.

Gleichzeitig aber betrachten die meisten Frauen, vor allem die gut ausgebildeten, heute auch ihren Beruf als wesentlichen Teil ihrer Identität. Folglich versuchen sie, beide Bereiche möglichst perfekt miteinander in Einklang zu bringen. Die Medien helfen mit, dieses Bild weiter zu verfestigen. Artikel und Berichte, in denen »Vereinbarkeit von Beruf und Familie« als wichtiges Thema für die Lebensplanung von Männern diskutiert wird, sind mit der Lupe zu suchen.

Faktor 5: Frauen denken und handeln beziehungsorientierter als Männer

Untersuchungen am Arbeitsplatz weisen darauf hin, dass Frauen Unterstützung ebenso wie auch Stress ausgeprägter in Bezug auf ihre sozialen Beziehungen erleben als Männer. So scheint auch bei einer Burnout-Erkrankung bei Frauen stärker die »emotionale Erschöpfung« im Vordergrund zu stehen, während bei Männern das Symptom »Zynismus/Depersonalisation« stärker zum Ausdruck kommt. Die Folgerung liegt nahe, dass Frauen meist zugunsten des sozialen Friedens mehr hinzunehmen bereit sind als Männer. Sie »schlucken« also Gefühle wie Ärger oder Zorn, suchen eher die Harmonie, auch wenn es auf eigene Kosten geht.

Faktor 6: Prägungen aus dem Elternhaus

Mittels einer breit angelegten Studie in den USA fand man heraus, dass Eltern mehr Selbstständigkeit, Unabhängigkeit, Leistung und Verantwortung von ihren Söhnen erwarten als von ihren Töchtern. Als Folge davon sind erwachsene Männer viel mehr als Frauen davon überzeugt, dass sie Einfluss auf ihre Umgebung ausüben können und dass ihr Handeln etwas bewirkt. Frauen hingegen sehen sich und ihre Umgebung weniger unter dem Aspekt, Einfluss zu nehmen. Sie haben in der Regel mehr Probleme damit, sich selbst, ihre Kompetenzen und ihre Leistungen selbstbewusst darzustellen. Mit in dieses Bild passt, dass es mehr Frauen als Männern schwerfällt, Autorität zu zeigen, Anordnungen zu geben und selbstverständlich zu erwarten, dass Anweisungen umgesetzt werden. Dies führt im Job, aber ebenso in der Familie dazu, viele Aufgaben selbst zu übernehmen, die eigentlich delegiert werden könnten.

Faktor 7: Physiologische Differenzen

Hinweise darauf, dass Frauen und Männer sich in ihren körperlichen Reaktionen auf Stress auslösende Belastungen wie Zeitdruck, Konflikte oder Konkurrenzsituationen unterscheiden, gibt es schon länger. So ist belegt, dass bei

Frauen als Reaktion auf Stresssituationen das Neuropeptid Oxytocin ausgeschüttet wird, dass dies bei Männern hingegen nicht der Fall ist. Oxytocin, schon seit Langem aus der Frauenheilkunde bekannt, steuert nicht allein körperliche Abläufe, sondern beeinflusst auch das menschliche Sozialverhalten.

Der Einfluss von Oxytocin führt auf der Verhaltensebene dazu, eher zu beschwichtigen, Konflikte herunterzuspielen und zu vermitteln, als aggressiv zu werden und die Auseinandersetzung zu suchen. Darüber hinaus scheint das Hormon Östrogen die Wirkung von Oxytocin noch zu verstärken. Dies wird vielfach als die Basis dafür gesehen, dass Frauen in Stresssituationen mehr zu der Strategie »tend and befriend« neigen, also sich kümmern und behilflich sind. Männer dagegen reagieren mit »fight or flight«, also Kampf oder Flucht. Wobei wir die alte Frage »Was war eher da, die Henne oder das Ei?« hier neu stellen und abermals

Was Frauen besonders Burnout-anfällig macht

Die aufgeführten Einflussfaktoren lassen sich zu drei Kernthesen zuspitzen:

1. Frauen geraten häufig infolge ihrer schlechteren Arbeitsbedingungen und durch die damit verbundene Mehrfachbelastung in ein chronisches Erholungsdefizit.
2. Frauen wollen häufig sich selbst und anderen beweisen, dass sie trotzdem alle Herausforderungen perfekt meistern können.
3. Frauen respektieren häufig aufgrund ihrer stärkeren Beziehungsorientierung ihre eigenen Grenzen nicht und versäumen es daher auch oft, den Ansprüchen anderer rechtzeitig Grenzen zu setzen.

nicht beantworten können: Führt die Hormonausschüttung dazu, dass Frauen zu »tend and befriend« neigen – oder führt das angelernte weibliche Sozialverhalten dazu, die Ausschüttung von Oxytocin zu stimulieren?

Das alltägliche Bermudadreieck: Der Job, der Haushalt, die Kinder

Berücksichtigen wir alle beruflichen und häuslichen Verpflichtungen, so kommen Frauen oft auf eine wöchentliche Arbeitszeit von mehr als 70 Stunden. Untersuchungen zeigen, dass diese Mehrbelastung durch Haus- und Familienarbeit auch dann gegeben ist, wenn beide Partner durch Ausbildung oder Beruf gleich stark beansprucht sind und wenn beide einen vergleichbaren beruflichen Status innehaben. Viele Frauen haben also einen Partner, mit dem sie eigentlich die häuslichen und familiären Pflichten hälftig aufteilen könnten. Bei der Frage, wer denn welchen zeitlichen Anteil an der Hausarbeit auf sich nimmt, geben jedoch viele Frauen an, dass sie auch dann, wenn sie ganztägig berufstätig sind, den Haushalt zu etwa drei Viertel selbst bewältigen und der jeweilige Partner sich nur zu einem Viertel beteiligt. Frauen lernen eben auch heute noch in ihrer Kindheit und Jugend, Hausarbeit zu verrichten, während Männer lernen, dass Frauen sie verrichten.

Frauen sind also häufig neben ihrem Beruf in der Familie noch Köchin, Erzieherin, Chauffeurin, Hauswirtschafterin, Putzfrau, Einkaufsservice und Pflegerin in Personalunion – ohne die erforderliche Entlastung und gänzlich ohne Vergütung. Frauen haben mindestens drei Hauptrollen inne und sind damit konfrontiert, dass jede einzelne dieser Rollen eigentlich schon die ganze Frau fordert.

Das hält niemand auf Dauer aus, ohne dass sich körperliche und psychische Verschleißerscheinungen bemerkbar machen. So ist diese permanente Mehrfachbelastung von Beruf, Haushalt und Familie eine der Hauptquellen von Burnout bei Frauen. Bei der Fülle an verschiedenen Aufgaben und Pflichten erstaunt es nicht, dass Frauen wochentags täglich durchschnittlich nur etwa eine Dreiviertelstunde an Freizeit bleibt. Um alles zu bewältigen, werden oftmals die eigenen Bedürfnisse ausgeklammert und damit auch alle Chancen, die geleerten Akkus wieder aufzuladen. Samstag und Sonntag sieht das dann zwar meist etwas besser aus, doch die nach der angefallenen Hausarbeit zur Verfügung stehende Zeit wird häufig vorrangig den Kindern oder dem Partner gewidmet. Es mangelt sehr vielen Frauen gravierend an Zeit für sich selbst.

Insbesondere Mütter leiden unter der Vielfachbelastung, der sie sich ausgesetzt sehen, und ächzen unter dem Erwartungsdruck, überall die Bestleistung bringen zu sollen oder sich dies selbst abzuverlangen: im Beruf *und* in der Partnerschaft *und* als Mutter *und* im Managen des Haushalts *und* vielleicht auch noch in der Pflege eines Familienmitglieds.

Zwar ist zumindest die Zahl der Väter, die Elternzeit in Anspruch nehmen, in den letzten Jahren erkennbar gestiegen. Doch spätestens dann, wenn das Baby zu krabbeln beginnt, ist es zumeist wieder ganz die Sache der Mütter, wie Beruf, Familie und Haushalt unter einen Hut zu bringen sind – Ausnahmen bestätigen die Regel.

Viele Frauen haben sich so an den Stress und die Zwänge gewöhnt, die die vielfachen Anforderungen mit sich bringen, dass für sie der Erschöpfungszustand fast zum Normalzustand geworden ist. Ständige Müdigkeit, Gereiztheit, Lustlosigkeit und körperliche Missbefindlichkeiten werden abgetan, als seien sie einfach ein Bestandteil des Frauseins oder weggeschoben nach dem Motto: »Wenn ich mich da nicht hineinsteigere, geht es von selber wieder weg.«

Doch solche Symptome haben nichts mit Frausein zu tun und es zaubert sie auch keine gute Fee über Nacht wieder weg. Vielmehr können sie Hinweise auf einen Einstieg in die Burnout-Spirale sein.

Die Burnout-Garantie: 10 todsichere Tipps

Risiken und Nebenwirkungen inbegriffen!

- Machen Sie Ihr Selbstwertgefühl ausschließlich von der Perfektion ihrer Arbeit abhängig.
- Nehmen Sie möglichst viel zusätzliche Arbeit an, um ihre armen Kolleginnen und Kollegen zu entlasten. Sie wissen ja selbst, dass Sie es viel besser machen als die anderen.
- Arbeiten Sie so viel und so lange wie möglich, am besten auch noch abends, nachts, am Wochenende und an Feiertagen.
- Machen Sie höchstens einmal im Jahr Urlaub. Eine Woche reicht für Sie.
- Konzentrieren Sie sich auf die lästigen und mühevollen Aspekte Ihrer Arbeit und ärgern Sie sich möglichst häufig darüber.
- Halten Sie Abstand zu Kolleginnen und Kollegen, gehen Sie zu niemandem eine freundschaftliche Beziehung ein. Dies hindert Sie nur daran, Ihren Aufgaben optimal gerecht zu werden.
- Glauben Sie fest daran, dass Sie absolut jedes Problem lösen können, wenn Sie sich nur richtig anstrengen, und dass Sie eine Versagerin sind, wenn Sie nicht immer und überall erfolgreich sind.
- Unternehmen Sie nichts mit Freunden in der Freizeit und pflegen Sie bloß kein Hobby: Das alles kostet nur Zeit, ist aufwändig und bringt Ihnen gar nichts.
- Kümmern Sie sich nicht um Ihr Wohlbefinden und auch nicht darum, körperlich, mental und

psychisch gesund zu bleiben; das ist etwas für Leute, die nichts zu tun haben.

- Das Privatleben kommt immer zuletzt, sofern Sie sich überhaupt diesen Luxus gönnen wollen. Leben Sie möglichst für sich und ziehen Sie sich von etwaigen Freunden und Bekannten zurück. Der einzige Mensch, der wirklich etwas von Ihnen wissen will, sind sowieso nur Sie selber.

Be perfect! Die Ich-schaffe-alles-Falle

Vielleicht stellen Sie, wie viele Frauen unter Mehrfachbelastung, entsprechend ehrgeizige Ansprüche an sich selbst und sind in der Folge häufig unzufrieden damit, dass Sie Ihrer hohen Messlatte im Alltag nicht immer gerecht werden. Dann plagt Sie ein schlechtes Gewissen oder Sie quälen sich mit Schuldgefühlen, weil sie wieder und wieder erleben, dass Sie Ihre Ansprüche nicht einlösen können und daran scheitern (müssen), »allen Herren gleichermaßen zu dienen«. Am Ende des Tages gibt es stets zu viele nicht erledigte Punkte auf der Agenda. Befeuert wird dieser Drang zur Perfektion noch durch eine verhängnisvolle Überzeugung, die in den 1990er Jahren von vielen Erfolgsgurus postuliert wurde: »Du kannst alles schaffen, du musst es nur wollen.« Oder: »Alles ist erreichbar, alles ist machbar.« Und das hat doch große Ähnlichkeit mit den Appellen, die wir vielleicht früher als Kinder von unseren Eltern gehört haben, wenn mal wieder ein »ausreichend« zu unterschreiben war: »Du kannst eine Zwei schaffen, wenn du dir nur genügend Mühe gibst.« Oder ganz direkt: »Streng dich an!« Und so wird sich weiter abgemüht, allen überzogenen Frauenleitbildern, die unsere Gesellschaft zur Identifikation bereithält, eins zu eins und am besten allen zugleich optimal zu entsprechen. Frau braucht es ja nur zu wollen …

Vier Frauen auf einmal sein

Als Mutter gilt es, die Kinder optimal zu versorgen, für sie da zu sein, liebevoll, tolerant, verständnisvoll und einfühlsam auf sie einzugehen – und ihnen dabei gleichzeitig Werte, Strukturen, Tugenden und gutes Benehmen zu vermitteln. Und locker, unverkrampft und kreativ sollen diese Mütter dabei natürlich auch bleiben – und natürlich die eigenen Bedürfnisse zurückstellen zum Wohl der Familie. Dieses traditionelle und dabei völlig überhöhte Mutterbild führt dazu, sich zwangsläufig unzulänglich zu fühlen. Zumal die Kinder meist nicht so auf die eigenen Bemühungen reagieren, wie es im Erziehungsratgeber steht. Ja, natürlich sollen Kinder heute so früh wie möglich und so intensiv wie möglich gefördert werden, damit sie den immer schneller steigenden Anforderungen in der Grundschule, im Gymnasium, im Studium, in der Ausbildung, am späteren Arbeitsplatz möglichst ideal gerecht werden können. Man will sich als Mutter ja nicht vorwerfen lassen, hier nicht alles Menschenmögliche getan zu haben.

Auf der anderen Seite gilt es, so früh wie irgend möglich nach der Geburt eines Kindes wieder an den Arbeitsplatz zurückzukehren – will man nicht zur Hartz-IV-Kandidatin werden oder hoffnungslos überqualifiziert irgendwann auf einem mies bezahlten Schleudersitz-Job landen.

Doch das ist ja noch nicht alles. Gleichzeitig gilt es ja, sich am Arbeitsplatz engagiert zu zeigen, teamfähig zu sein und natürlich auch kommunikativ, effizient, flexibel und fleißig. Mit anderen Worten: belastbar und pflegeleicht. Wer nicht dauerhaft in den niedrigen Gehaltsklassen festsitzen, sondern Karriere machen will, dem wird eben doppelt so viel abverlangt.

Und nach der Arbeit für den Job erwartet die Frau dann

die breite Palette der Arbeit im Haushalt: Kochen, Putzen, Waschen, Bügeln, Staubsaugen, kleine Reparaturen erledigen. Wie schon erwähnt, zeigen sich Ehe- oder Lebenspartner hier meist nicht so kooperativ, wie es eigentlich erforderlich wäre. Statt kräftig mit anzupacken, stellen sie oft genug noch zusätzliche Ansprüche. Vor allem die vielen einzelnen Aktivitäten, die »nebenher« erledigt werden sollen, wie der Einkauf nach Dienstschluss oder am Wochenende, Fahrten der Kinder zur Schule, zum Sport oder zu Freizeitaktivitäten, Arzttermine, Behördengänge kosten viel Zeit und Energie zusätzlich.

Last but not least soll frau unter dem Joch der Mehrfachbelastung attraktiv, zärtlich, feminin, tolerant und sexy sein – und bleiben. Wie in einschlägigen Mode- und Lifestylezeitschriften immer wieder aufs Neue suggeriert wird: *Es geht! (Und wenn du's nicht schaffst, bist du selber schuld).* Allwöchentlich fordern hunderte einschlägiger Zeitschriften – mit entsprechenden modischen Leitfiguren – von Frauen, ewig jung, schön, fit, schlank, optimal gestylt und erfolgreich zu sein. Natürlich ist inbegriffen, alle Belastungen wegzulächeln und einfach super zu funktionieren. Ganz lässig, lieb und lebensfroh. Und natürlich soll sie nicht, wie hinsichtlich ihrer Rolle als Mutter selbstverständlich vorausgesetzt wird, alle ihre Bedürfnisse für ihre Familie zurückstellen. Im Gegenteil: Ist sie eine »Frau von heute«, dann sollte sie nebenbei ein paar coole Hobbys pflegen, regelmäßig zum Workout gehen, nicht zu vergessen die Partys und Unternehmungen mit den Freunden.

Obwohl jeder Frau klar sein muss, dass dies nur ein Hirngespinst sein kann, ist die Überzeugung, diese Art Perfektion sei machbar, ungemein einprägsam und zählebig. Vielleicht weil die entsprechenden Bilder aus den Medien jahrzehntelang entsprechende Vorstellungen generiert, verdichtet und gefestigt haben.

Mythos Multitasking

Auch die viel beschworene Fähigkeit von Frauen zum Multitasking ist ein Mythos und kein Fakt, der zu einem Plus an Schnelligkeit und damit auch zu mehr Arbeit in weniger Zeit führen würde. Mag sein, dass Frauen hirnphysiologisch betrachtet tatsächlich eher als Männer in der Lage sind, mehrere Reize parallel wahrzunehmen und parallel auf sie zu reagieren, doch dies bezieht sich nur auf einfache, automatisch auszuführende Tätigkeiten. Uns unterhalten und dabei die Suppe umrühren. Radio hören und den Schreibtisch aufräumen, essen und dabei die Zeitung lesen. Alles kein Problem.

Dieses Parallelkonzept funktioniert aber erwiesenermaßen nicht – bei Frauen ebenso wenig wie bei Männern – wenn es darum geht, Wahrgenommenes zu reflektieren oder Entscheidungen zu treffen. Jede einzelne Reflexion und jede einzelne bewusste Entscheidung bedarf der ausschließlichen Zuwendung. Sobald also etwas Ungewöhnliches unsere Routine durchkreuzt, halten wir inne und konzentrieren uns auf *eine* Aufgabe, *eine* Information oder *eine* Aktivität. Wir nehmen das Radio nicht mehr wahr, wenn uns ein Stapel Akten vom Schreibtisch fällt, wir hören auf zu essen, wenn wir in der Zeitung etwas Spannendes entdecken, und wir stoppen unsere Unterhaltung, wenn die Suppe anzubrennen droht. Wir sind nur dann Multitaskerinnen, wenn wir einen Ablauf so verinnerlicht haben, dass er keinerlei Aufmerksamkeit mehr erfordert.

Neuere Forschungsergebnisse weisen darauf hin, dass es wohl gar keine echte Gleichzeitigkeit gibt und wir generell nur einer Sache auf einmal unsere Aufmerksamkeit widmen können. Sind zeitgleich verschiedene Informationen zu verarbeiten, schalten wir demzufolge bewusst oder unbewusst blitzschnell zwischen den jeweiligen Reizen hin und her: von der Tageszeitung zum Müslikeks, von der Unterhaltung zur Suppe, vom Radio zum Stapel auf dem Schreibtisch – und zurück. Nur da dies jeweils so schnell – binnen hundert Millisekunden – geschieht, nehmen wir es als Gleichzeitigkeit wahr.

Wir sind keineswegs produktiver, schneller oder effizienter, wenn wir parallel mehrere Aufgaben in Angriff nehmen.

Multitasking wirkt nur vordergründig vorteilhaft, wirklich effektiv ist es aber nicht. Vergleichsstudien (wie von Clifford Nass, Stanford University, 2009) haben ergeben, dass sich durch Multitasking die Bearbeitungszeit einer Aufgabe eher verlängert als verkürzt.

Bei komplizierteren Herausforderungen erhöht sich durch Multitasking eindeutig die Fehlerquote. Wird jemand nur für drei Minuten von einer Aufgabe abgelenkt oder beschäftigt sich selber mit etwas anderem, braucht er zwei Minuten, um wieder auf den gleichen Stand zu kommen wie zuvor. Man nennt dies auch den Sägezahn-Effekt (siehe Abbildung).

Durch das geistige Zapping zwischen verschiedenen Aufgaben wird es immer anstrengender, sich wieder von Neuem auf die eigentliche Aufgabe zu konzentrieren. Irgendwann lässt die Konzentration dann so rapide nach, dass sich die Fehler häufen und schon Erledigtes ein weiteres Mal kontrolliert werden muss.

Der Sägezahn-Effekt

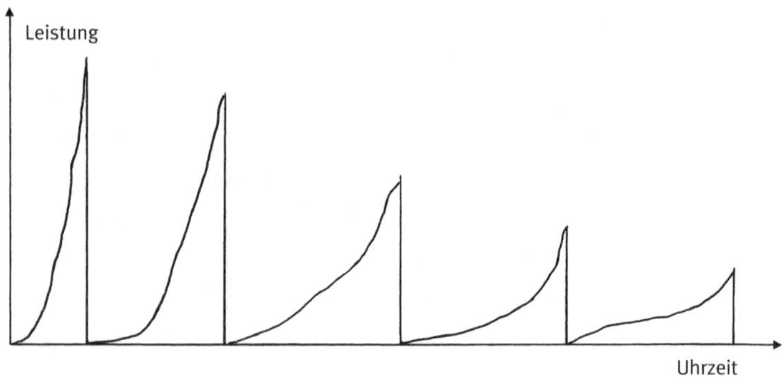

Kaum hat man dann den Faden wieder aufgenommen, kommt die nächste Störung – dies kann sich so lange wiederholen, bis man keinen klaren Gedanken mehr fassen kann und die Erledigung der »eigentlichen« Aufgabe dann entnervt auf den nächsten Tag verschiebt.

Kopfüber in die Burnout-Spirale

Schnell sein und gleichzeitig perfekt sein und zudem allen Ansprüchen genügen zu wollen treibt rasch in die Burnout-Spirale hinein. Es führt unweigerlich dazu, dass am Ende jeden Tages die Energiebilanz im Minus steht. Dazu kommt vielfach noch ein Mangel an Schlaf, da lieber noch jetzt die Wäsche weggebügelt wird, statt dies auf den neuen Tag zu verschieben, da der ohnehin schon wieder voll genug ist. Und trotzdem nagt da dieses Hase-und-Igel-Gefühl: »Ich kann noch so schnell sein, nie reicht die Zeit aus für all das, was noch zu tun ist.«

Frauen, die Mehrfachbelastungen ausgesetzt sind, beschreiben sich selbst oft als sehr leistungsbereit und ehrgeizig. Sie haben in beruflicher, sozialer und persönlicher Hinsicht jeweils sehr hohe Ansprüche an sich selbst und orientieren sich dazu noch stark an dem, was andere erwarten. Wen erstaunt es, dass sie sich permanent am Rand ihrer Belastbarkeit bewegen? Es ist eher verwunderlich, mit einer solchen Anspruchslast im Nacken *keinen* Burnout zu bekommen.

So kann allmählich aus der Superfrau eine von ihrer Aufgabenlast erschlagene Erdulderin werden, die am Ende des Tages nur noch sieht, was alles liegen geblieben ist und was sie alles nicht geschafft hat. Die unerledigten Aufgaben brennen sich, versehen mit dem Stempel des Makels, ins Bewusstsein. Dies führt zu permanenter Unzufriedenheit – mit der ganzen Situation und vor allem mit sich selbst – und zu dem Gefühl, überfordert zu sein.

In der Mühle der Gefühle

Frauen neigen tendenziell stärker als Männer dazu, es allen recht machen zu wollen. Dies zeigt sich nicht nur im Perfektionsanspruch, sondern auch in einigen anderen Denk- und Verhaltensweisen, die das Risiko erhöhen, mehr und mehr erschöpft zu werden und schließlich zu erkranken. Dazu gehören vor allem:

- Die Scheu davor, anderen Grenzen zu setzen
- Befürchtungen und Grübelei

Ja sagen und Nein meinen

Viele Frauen tun sich schwer damit, ein deutliches »Nein« zu sagen und sich von den Ansprüchen anderer, wenn es erforderlich ist, klar abzugrenzen. Meist geschieht dies aus einer Haltung grundsätzlicher Hilfsbereitschaft heraus. Oft scheuen Frauen aber auch die Konsequenzen, etwa Erwartungen zu enttäuschen, Gefühle zu verletzen oder Konflikte heraufzubeschwören.

Dadurch, dass wir das beherzte Nein zurückhalten, laden wir uns oftmals mehr auf, als wir bewältigen können. Natürlich hat nahezu jeder das Bedürfnis, gemocht und geschätzt zu werden und bei Freunden, Kollegen, beim Chef und auch ganz allgemein bei den Mitmenschen gut angesehen zu sein. Dies bestätigt unser Selbstwertgefühl.

Im Job trägt zudem die verschärfte Lage auf dem Arbeitsmarkt dazu bei, lieber kein Risiko einzugehen, um sich nicht durch Verweigerung vielleicht selbst auf eine »Abschussliste« zu katapultieren. Doch: Wer es allen recht machen will, um damit Sympathie und Anerkennung zu ernten, wird oft nur eines damit erreichen: nicht ernst genommen zu werden.

Manchmal fällt es auch schwer, den eigenen Kindern Grenzen zu setzen – schließlich nagt da häufig das schlechte Gewissen: »Eigentlich sollte ich mehr Zeit für sie haben.« Und dann wird eben doch die Tochter zum Beachvolleyballspiel gefahren, obgleich sie auch den Bus hätte nehmen können und dadurch eine halbe Stunde Zeit zum Abschalten nach dem Job mal möglich gewesen wäre.

Es allen recht machen zu wollen ist für viele Frauen ein Thema. Und wenn ein Burnout-Prozess einmal angelaufen ist, kommt schon in den frühen Phasen ganz besonders hinzu, dass die Dünnhäutigkeit für Unstimmigkeiten, Kritik und Ablehnung steigt und die Kraft zum Austragen von Konflikten dementsprechend sinkt.

Dabei machen Hilfsbereitschaft und Harmoniestreben natürlich nicht an sich krank, sondern es sind Tugenden, ohne die wir in unserem täglichen Zusammenleben arm dran wären. Diejenigen Menschen, denen ein gutes Verhältnis zu anderen völlig egal und das eigene Wohlergehen Maß aller Dinge ist, sind keineswegs gesünder oder glücklicher als andere.

Treffen jedoch die Bereitschaft zu helfen und sich für Harmonie im Team oder in der Familie einzusetzen mit schwierigen Arbeitsbedingungen, Mehrfachbelastung und einem ohnehin schon vorhandenen Zeitmangel zusammen, kann sich daraus mehr und mehr eine schwer erträgliche Situation entwickeln. Beruf und Privatleben lassen sich dann trotz aller Bemühungen irgendwann nicht mehr vereinbaren, soziale Kontakte brechen ab, sogar kleine Zeitspannen zum Erholen fallen weg.

Das schlechte Gewissen, nicht genug zu tun, wird zum Dauergast. Angst keimt auf, vielleicht alles zu verlieren, wenn wir nicht mehr so funktionieren, wie unser Partner, unsere Freundinnen und Freunde, unsere Kollegen und unser Arbeitgeber es von uns gewohnt sind. Und das wollen wir nicht, dafür sind wir bereit, viele Kompromisse zu machen, auch wenn sie alle zu unseren Lasten gehen.

Die Grübelfalle
Menschen, die stark unter Druck stehen, entwickeln häufig die Neigung, ängstlichen Gedanken und Befürchtungen nachzuhängen. Wir malen uns dann aus, was alles schiefgehen könnte, und stellen uns damit schon im Voraus auf die Möglichkeit eines Scheiterns ein. Diese Grübeleien binden viel Energie und beeinträchtigen die Konzentration auf das, womit wir im Moment beschäftigt sind.

Die Sorge um den Arbeitsplatz, um die Finanzen oder um die Gesundheit der Kinder, Ärger über Kollegen, Freunde oder Nachbarn, Ärger über sich selbst – der Fundus der alltäglichen Widrigkeiten ist unerschöpflich. Grübelei ist aufreibend, weil die Gedanken ständig ergebnislos um ein Thema rotieren. So sind es oft gar nicht mal dramatische Ereignisse, die an unserer Gesundheit zehren, sondern vielmehr die alltäglichen kleinen Aufreger, die uns leicht in die Grübelfalle treiben können.

Grübeln macht Stress

Ein Experiment des amerikanischen Forschers William Gerin (Columbia University, New York 2007) zeigt, dass Grübeln ebenso viel Stress hervorrufen kann wie die Situation selbst. Je 30 Frauen und Männer sollten sich an eine Situation erinnern, in der sie in Rage geraten waren. Bereits während die Probanden den jeweiligen Vorfall schilderten, schnellten bei allen Blutdruck und Herzfrequenz hoch. Sie zeigten Symptome von akutem, starkem Stress.

Kurz darauf wurden sie in einen Ruheraum geschickt – für die Hälfte der Teilnehmer war dies ein karges Wartezimmer, bei der anderen Hälfte bot der Raum viel Ablenkung in Form von Zeitschriften oder Spielen. Der Unterschied war beachtlich: Bei jenen, die sich mit etwas anderem beschäftigen konnten, drehten sich nur noch 17 Prozent ihrer Gedanken um die Erinnerung an den Ärger, bei den Personen in dem kargen Wartezimmer hingegen dachten 31 Prozent – beinahe doppelt so viel – an ihre unangenehme Erinnerung. Sie beruhigten sich auch erst elf Minuten später als die Abgelenkten.

Fazit: Notorisches Grübeln hält den Stresslevel oben – völlig unabhängig vom Ereignis.

Wie innere und äußere Ursachen zusammenwirken

Fallbeispiel 1: Annika, alleinerziehende Sekretärin

»Nach meiner Scheidung, die langwierig und kompliziert war, habe ich erst einmal aufgeatmet. Endlich vorbei! Ich hatte immer noch viel Wut in mir – vor allem auf meinen Ex und dass ich seine Eskapaden mit anderen Frauen so lange mitgemacht hatte. Da war unser Sohn Thomas gerade sieben und unsere Tochter Sabine drei Jahre alt. Das ist jetzt zweieinhalb Jahre her. Die beiden leben bei mir und ich kümmere mich alleine um sie. Mein Ex hat sich da fast völlig ausgeklinkt, macht auch wegen des Unterhalts für Thomas und Sabine immer wieder mal Sperenzchen. Ich machte mir immer wieder selber Mut, dass ich das hinkriegen würde. ›Ich schaffe das!‹, war seither mein Mantra und ich wollte nicht nur meinem Ex beweisen, dass ich als Alleinerziehende mindestens genauso gut bin wie verheiratete Mütter, sondern auch meinem Vater und meiner Stiefmama, die mir versucht hatten einzureden, ich solle doch bleiben ›wegen der Kinder‹. Und so schwor ich mir: Vor allem den Kindern soll es an nichts fehlen.

In meiner Ehe habe ich Teilzeit gearbeitet und nach der Geburt von Thomas und Sabine auch jeweils einige Zeit pausiert. Nach der Scheidung habe ich mich dann bemüht, mein Stundenkontingent aufzustocken, damit wir ein vernünftiges Auskommen haben. Das ging glücklicherweise auch, und so arbeite ich nun schon einige Zeit 30 Stunden pro Woche. Eigentlich könnte alles prima sein, ich habe das voll im Griff, funktioniere wie ein Uhrwerk. Die Kinder morgens zum Kindergarten und in die Schule bringen, Sabine hat einen Ganztagsplatz und Thomas geht nach der Schule in den Hort. Ich fahre zur Arbeit, powere durch, gehe danach einkaufen oder sonst welche Gänge machen, hole die beiden dann ab, fahre heim, koche, spiele mit den Kindern und wenn die beiden im Bett sind, mache ich den Hauskram. Es muss immer ordentlich ausschauen, man will sich ja nichts nachsagen lassen.

Ich habe eigentlich stetig versucht, das immer weiter zu optimieren, und das ging auch gut, nur in letzter Zeit ist irgendwie der Wurm drin. Ich habe einen neuen Chef, mit dem ich mich nicht so gut verstehe. Ich kann tun, was ich will, er findet immer ein Haar in der Suppe. Da fühle ich mich jetzt oft unsicher und habe Angst, etwas falsch zu machen. Trotzdem drängt er mich dazu, meine Stunden aufzustocken und ganztags zu arbeiten, er sagt, er braucht eine Kraft, die ihm voll zur Verfügung steht. Natürlich will ich da nicht Nein sagen, sonst gefährde ich womöglich meinen Arbeitsplatz. Wenn wir mehr Geld haben, ist das eine feine Sache, aber ich habe keine Ahnung, wie ich das mit den Kindern hinkriegen soll.

Thomas wird ab nächsten Herbst ins Gymnasium gehen, Sabine kommt in die Grundschule. Das sind schon Umstellungen, eigentlich bräuchten sie mich da mehr statt weniger. Ich hetze ohnehin schon durch den Tag, erledige mein Pensum zack-zack, bin stolz darauf, dass ich so schnell bin. In letzter Zeit mache ich aber öfter mal Fehler, vergesse etwas oder bringe Unterlagen durcheinander. Das ist mir natürlich peinlich und ich versuche, mich dann umso besser zu konzentrieren, um die Zeit wieder hereinzuholen, habe auch schon mal Sachen mit ins Wochenende genommen.

Besonders wenn mein Ex mal was mit den Kindern unternimmt, kann ich ordentlich alles Liegengebliebene aufarbeiten und kann dann aufatmen. Aber ich merke, dass sich da so eine Unruhe breitmacht, so ein Zweifel. Manchmal liege ich nachts länger wach und gehe im Kopf durch, was alles ansteht und ob ich auch wirklich an alles gedacht habe. Am Morgen bin ich dann oft wie gerädert und brauche einen Kaffee mehr, um halbwegs in die Gänge zu kommen. Was mich auch belastet, ist die Übelkeit. Manchmal kriege ich morgens deswegen keinen Bissen rein. Auch tagsüber wird mir öfter mal schlecht, so von jetzt auf gleich, und das ist echt unangenehm. Ich war schon beim Arzt, doch der konnte nichts feststellen, hat mir etwas verschrieben, aber es nützt nichts. Wird sich schon wieder geben.«

Äußere Faktoren:

- Scheidung,
- den Alltag mit zwei Kindern meistern müssen,
- Notwendigkeit, den Lebensunterhalt für sich und die Kinder zu erwirtschaften,
- neuer Chef.

Innere Faktoren:

- Anspruch auf perfekte Leistung im Job, als Mutter und im Haushalt,
- allen Ansprüchen anderer genügen wollen,
- dem Exmann beweisen, dass sie es schafft,
- Vernachlässigung der eigenen Bedürfnisse.

Fallbeispiel 2: Ruth, freischaffende Grafikerin

»Vor fünf Jahren habe ich mich selbstständig gemacht – eigentlich aus der Not heraus, weil ich nach dem Konkurs

meiner Firma keinen Job mehr gefunden habe – obwohl ich gut bin, das hatten mir Kunden immer wieder bestätigt. Aber wahrscheinlich hat man als Frau über vierzig da einfach schlechte Karten. Es war mir klar, dass das kein Zuckerschlecken wird, als Freischaffende Fuß zu fassen. Trotzdem bin ich ins kalte Wasser gesprungen und habe dann auch eine richtige Aufbruchsstimmung entwickelt. Habe mein Büro eingerichtet, habe akquiriert und geschuftet, mich in der Freizeit weitergebildet. Es gab ja so viel zu lernen, wovon ich noch keine Ahnung hatte: das ganze Drumrum, mit dem Selbstständige so konfrontiert sind: Kalkulation, Buchhaltung, rechtliche Bestimmungen und so. Und ich will ja auch besonders gut sein, war immer schon stolz darauf, kreativ zu sein und ungewöhnliche Ideen zu haben. Mein Ehrgeiz ist es, immer eine Lösung auch für schwierige Probleme zu finden, niemals Nein zu sagen. Kundenservice wird ganz groß geschrieben. Da sitze ich dann auch schon mal bis in die Nacht hinein und grüble und tüftle. Das hat mir auch sehr geholfen, mich durchzuboxen. Im ersten Jahr habe ich zwar noch rote Zahlen geschrieben, aber dann ging's stetig bergauf.

Robert, mein Freund, hat das eine Weile mitgemacht, war am Anfang auch stolz auf mich, dass ich das stemmen kann – aber irgendwann hat er dann angefangen, mich dafür zu kritisieren, dass ich kaum mehr Zeit für unsere Beziehung habe. Wir sind seit acht Jahren zusammen. Er selber ist kein Karrieretyp, arbeitet in einer Behörde und hat geregelte Arbeitszeiten. Kinder habe ich keine, eigentlich hatte ich das immer verschoben, es war nie die richtige Zeit dafür. In der kreativen Branche muss man schnell und flexibel sein und die Konkurrenz ist hart.

Während meiner Zeit der Arbeitslosigkeit haben Robert und ich dann mehr miteinander unternommen. Aber das kann's ja wohl nicht sein, dass der Preis für eine gute Beziehung die Arbeitslosigkeit ist, oder? Und so versuche ich eben, den Ansprüchen meiner Kunden optimal gerecht zu werden und die Beziehung zu Robert trotzdem nicht zu vernachlässigen.

Seit einigen Wochen aber habe ich das Gefühl, nichts mehr richtig auf die Reihe zu bekommen, obwohl ich oft länger im Büro bleibe. Da ist dann Robert natürlich wieder sauer. Ich habe öfter das Gefühl, einfach nicht mehr genug Kraft zu haben. »Du musst kürzertreten«, sagt Robert dann. Der hat gut reden. Irgendwie brauche ich zurzeit für alles, was ich tue, viel länger als früher. Dabei war ich immer stolz darauf, schneller zu arbeiten als alle anderen. Zudem habe ich letztens bei der Arbeit für einen Kunden einen absoluten Anfängerfehler gemacht. Hätte die Druckerei mich nicht darauf aufmerksam gemacht, dann hätten fünftausend Broschüren eingestampft werden müssen, auf meine Kosten – liebe Güte! So etwas macht mir Angst. Dass ich Details vergesse und mich manchmal schon von ganz banalen Dingen überfordert fühle. Aber am schlimmsten ist es, dass mir die Ideen ausgehen. Ich bin nicht mehr so innovativ. Als sei mein Kopf ausgeleert. In meiner Not habe ich dann schon mal alte Entwürfe einfach umgepfriemelt, in der Hoffnung, es merkt keiner. Dabei ist mir gar nicht wohl – aber was soll ich tun? Mit Robert kann ich da nicht reden, der legt dann bloß wieder die Platte mit dem Kürzertreten auf. Also behalte ich es für mich, wenn ich mir wegen irgendwas Sorgen mache. Manchmal liege ich nachts wach und überlege, wie ich es am besten anpacke, wieder in Topform zu kommen.

Natürlich nehme mir auch oft vor, mal Pause zu machen, wenn der aktuelle Auftrag abgeschlossen ist, nur, nach diesem Auftrag wartet dann schon der nächste. Und es ist ja toll, dass ich viele Aufträge habe, in der derzeitigen Wirtschaftslage ist das keine Selbstverständlichkeit. Wenn ich erfolgreich bleiben will, kann ich mich nicht querstellen oder gute Aufträge ablehnen. Da sind die Kunden dann sehr schnell weg. Und sie wollen eben ihre Sachen auch möglichst schnell gedruckt auf dem Tisch haben. Ich habe da auch einen Ruf zu verlieren, wenn ich es nicht schaffe. Aber es breitet sich oft ein mulmiges Gefühl aus. Wie soll ich das bloß alles schaffen?«

Äußere Faktoren:
- Arbeitsmarktsituation für Ältere,
- Ansprüche der Kunden,
- Ansprüche des Partners.

Innere Faktoren:
- Ehrgeiz, »es perfekt zu schaffen« und möglichst schnell zu sein,
- Angst um die wirtschaftliche Existenz, es nicht zu schaffen,
- Konflikt zwischen Beruf und Beziehung,
- Einzelkämpfermentalität, Rückzug in sich selbst.

Fallbeispiel 3:
Helene, Sozialpädagogin, verheiratet, 3 Kinder
»Eigentlich geht's mir ja gut … und doch wieder nicht. Ich bin seit zwölf Jahren glücklich verheiratet, wir haben drei Kinder und Horst, mein Mann, ist Lehrer. Er packt kräftig mit an. Nicht nur, was den Haushalt und die Kinder angeht, er hat auch ein offenes Ohr für meine beruflichen Probleme. Darüber bin ich sehr froh. Ich arbeite in der Stadtverwaltung und bin im aufsuchenden Sozialdienst tätig. Seit ein paar Wochen fühle ich mich sehr geschlaucht. Es hat Umstrukturierungen in der Verwaltung gegeben und zwei Stellen in meinem Ressort wurden im Zuge von kommunalen Sparmaßnahmen nicht mehr neu besetzt. Die Arbeit wird aber nicht weniger. Was heißt, wir Verbleibenden bekommen jede Menge zusätzlich aufgeladen. Nun türmen sich viele dringende Fälle auf meinem Schreibtisch, wo ich einfach nicht die Zeit finde, sie aufzuarbeiten. Das depri-

miert mich. Zum anderen haben Horst und ich uns endlich ein Haus gekauft, was wir beide in unserer Freizeit renovieren. Das hat uns und auch die Kinder sehr begeistert, aber die Arbeit will auch hier kein Ende nehmen. Ständig werden neue Mängel sichtbar. Wir haben das wohl unterschätzt. Ich bin eigentlich ständig müde. Am liebsten würde ich nach der Arbeit nur noch fernsehen oder einfach nur so rumhängen. Aber das geht nicht. Schließlich wollen wir in zwei Monaten umziehen, haben unsere Wohnung schon gekündigt. Und ich kann Horst nicht einfach alles aufbürden und selbst die Hände in den Schoß legen. Jeder neue Morgen ist mühsam, ich brauche lange, bis ich in die Gänge komme. Ohne zwei Pötte starken Kaffee geht da gar nichts. Und wenn ich dann an den vor mir liegenden Tag denke, würde ich lieber gleich wieder ins Bett kriechen. Es kommt mir alles so sinnlos vor. Als würde ich im Job gegen Windmühlen kämpfen und nach Feierabend dann Frondienst machen. Für jeden bearbeiteten Fall liegen schon wieder zwei neue an. Eigentlich habe ich ja einen Halbtagsjob, haha. Wenn ich aber tatsächlich Dienst nach Vorschrift machen würde, würde der Laden morgen zusammenbrechen. Ich habe unzählige Überstunden angehäuft, denn schließlich kann ich die Hilfesuchenden nicht einfach in der Luft hängen lassen. Das sind ja alles Menschen, sind alles Schicksale.

Ich weiß nicht, wann ich zuletzt ausgeschlafen habe, manchmal tappe ich wie ein Zombie durch den Tag. Die Arbeit ist da, auch wenn ich jetzt immer weniger Lust dazu habe. Es kommt schon mal vor, dass ich ein paar zynische Bemerkungen über den einen oder anderen meiner Fälle mache, im Stil von »Der soll sich nicht so anstellen«. Danach tut mir das meistens leid, aber immer öfter denke ich, der soll einfach mal zwei Wochen an meinem Schreibtisch sitzen, dann weiß er, was es heißt, gefordert zu sein. Mir ist schon klar, dass ich in solchen Momenten ungerecht bin, aber das hilft mir auch nicht weiter. Ich bin schnell ungeduldig, das kenne ich so gar nicht an mir. Manchmal blaffe ich sogar Horst und die Kinder an, obwohl ich weiß, dass sie nichts für die Situation in meiner Behörde können. Dazu die nicht enden wollenden Renovierungen. Inzwischen will ich schon gar nicht mehr umziehen. Allein daran zu denken graut mir. Meine Ärztin hat kürzlich erhöhten Blutdruck festgestellt. Eigentlich war ich ja nur wegen der ständigen Kopfschmerzen hingegangen. Und nun sagt sie, sie wolle mich krankschreiben, ich hätte Anzeichen eines Erschöpfungssyndroms. Und wer soll dann bitte die Arbeit machen?«

Äußere Faktoren:
- Stellenkürzungen in der Kommunalverwaltung,
- gestiegene Fallzahl im Bereich Soziale Hilfen,
- Erwerb eines Hauses mit Renovierungsbedarf.

Innere Faktoren:
- Das Gefühl, unentbehrlich zu sein,
- der Anspruch, allen beruflichen und privaten Ansprüchen genügen zu müssen,
- sich selbst und die eigene Erholung ganz nach hinten stellen,
- selbst geschaffener Zeitdruck durch Kündigung der Wohnung.

Wie die drei Fallbeispiele zeigen, können die Situationen, die zur Entwicklung eines Burnouts führen, ganz verschieden aussehen. Allen drei gemeinsam aber ist:

- das Gefühl der Fremdbestimmung: »Ich muss mich nach dem richten was andere wollen«;
- die Erwartungen anderer werden nicht infrage gestellt;
- ein überzogener Anspruch an sich selbst und die eigene Leistungsfähigkeit: »Ich muss das perfekt hinkriegen«;
- das Gefühl der Hilflosigkeit: »Ich habe doch keine Alternativen«;
- Rücksichtslosigkeit gegen eigene Bedürfnisse;

- Gedanken an die Konsequenzen eines »Weiter so!« ausblenden;
- berufliche und private Anforderungen und Ansprüche geraten in Konflikt miteinander.

Annika, Ruth und Helene leiden unter dem Druck, unter dem sie stehen. Die erlebten Sachzwänge, die Angst um den Job oder, wie bei Ruth, zusätzlich auch um die Beziehung, die Vereinsamung aufgrund der ständigen Überforderung werden zwar wahrgenommen, doch es wird versucht, durch noch mehr Leistung und Zeitoptimierung die Dinge wieder in den Griff zu bekommen. Auftretende gesundheitliche Probleme werden als Handicap gesehen (»Ich *funktioniere* nicht mehr richtig«), aber als vorübergehend und lediglich lästig interpretiert. Sie sehen es als ihr persönliches Problem an, wenn sie den Anforderungen nicht entsprechen. Anstatt für mehr Ruhe und Entlastung für sich selbst zu sorgen, um sich einen Ausgleich für den täglichen Stress zu schaffen, treiben sie sich stärker an. Je mehr sie sich an den Anforderungen scheitern sehen, desto rigoroser schrauben sie die Erwartungen an sich selbst in die Höhe. Das Bedürfnis nach Entspannung, nach echter Freizeit, vor allem auch nach Zeit für sich selbst, wird erst in den Hintergrund geschoben und schließlich kaum mehr wahrgenommen. Alternativen sind zudem nicht einfach zu finden. Wie Ruth schon bemerkte: »Der Preis für eine intakte Beziehung kann doch nicht die Arbeitslosigkeit sein.«

Selbsttest: Wie Burnout-gefährdet sind Sie?

Die Anzeichen erkennen

Die Grenzlinie zwischen normalen Herausforderungen, die jede im Berufsleben stehende Frau mit Familie zu meistern hat, hin zu erschöpfender Überforderung ist fließend und hängt auch stark von der individuellen Leistungsfähigkeit ab. Bei den meisten Beanspruchungen haben wir ein gutes Gefühl dafür, ab wann es uns zu viel wird. Dabei können die gleichen Situationen und Herausforderungen sehr unterschiedlich erlebt werden, je nachdem, wie jemand sie bewertet und welche physischen und psychischen Ressourcen zur Verfügung stehen. Was für die eine Stress, Strapaze oder Ballast bedeutet, kann für die andere ein Ansporn sein oder auch eine Herausforderung darstellen. Kann jemand plötzlich nicht mehr auf bisher gewohnte Ressourcen und Unterstützung durch andere zurückgreifen oder kommen weitere Belastungen hinzu, dann kann eine vorher als handhabbar erlebte Situation wie die Vereinbarkeit von Beruf und Familie zum belastenden Stressfaktor werden.

Mag sein, dass wir uns an ein Mehr an Belastung auch gewöhnen können und dem zusätzlichen Stress zumindest kurz- und mittelfristig gewachsen sind – doch ein dauerhaftes Zuviel führt langfristig ganz zwangsläufig dazu, dass unsere Lebenskraft abnimmt – und vor allem auch die Lebensfreude. Nicht hinter jedem Unlustgefühl verbirgt sich gleich ein Erschöpfungssyndrom, dennoch gilt es, aufmerksam für das eigene Wohlbefinden zu sein und einen schleichenden Verlust an Lebensenergie frühzeitig wahrzunehmen.

Neben fehlender Energie und rascher Ermüdung können auch eine Reihe weiterer körperlicher, mentaler und psychischer Symptome auf einen sich anbahnenden Burnout hinweisen.

Körperlich haben wir es dann häufig mit Muskelverspannungen zu tun, vor allem Schmerzen in den Schultern und im Nackenbereich, mit Kopfschmerzen, Magen-Darm-Beschwerden (auch Sodbrennen, Blähungen, Durchfälle) oder Herz-Kreislauf-Problemen (zum Beispiel Bluthochdruck, Herzrhythmusstörungen). Ebenso können anhaltende Schlafstörungen und vor allem morgens auftretende Gliederschmerzen Hinweise sein. Häufige Erkältungen deuten auf eine Immunschwäche hin. Dauerstress belastet das Immunsystem erheblich.

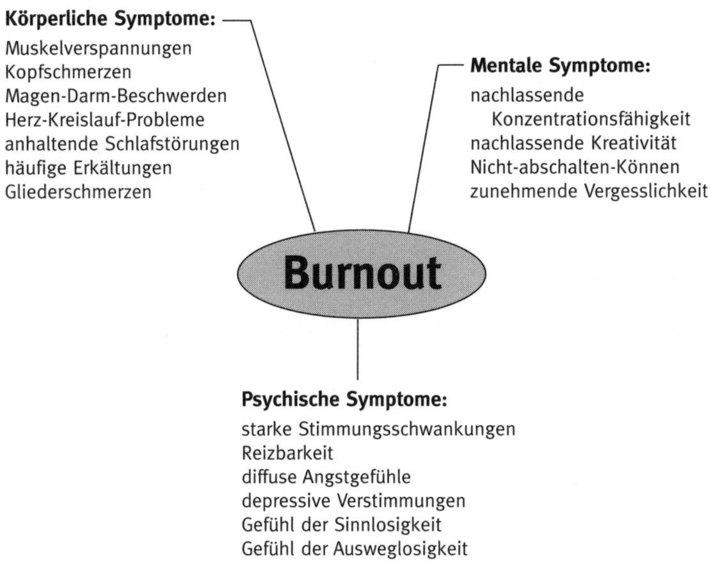

Auf der mentalen Ebene sind es vor allem der Abbau der kognitiven Leistungsfähigkeit (Schwierigkeiten, sich zu konzentrieren, Beeinträchtigung der Kreativität und der Fähigkeit, komplexe Aufgabenstellungen zu bewältigen), das Nicht-abschalten-Können sowie eine zunehmende Vergesslichkeit, die auffällig sind.

Psychische Indikatoren sind starke Stimmungsschwankungen, eine deutlich gesteigerte Reizbarkeit, diffuse Angstgefühle bis hin zu Panikanfällen, oder auch länger anhaltende depressive Verstimmungen, Gefühle der Sinnlosigkeit und der Ausweglosigkeit.

Jede von uns hat ihre ganz individuelle Ausprägung von Symptomen, die auf eine sich anbahnende Burnout-Erkrankung hinweisen. Trotz dieser Vielfalt möglicher Symptome gehen die meisten Erklärungsansätze für Burnout jedoch davon aus, dass die chronische Erschöpfung letzten Endes stets eine Folge von Dauerstress ist.

Burnout-Selbsttest

So machen Sie den Test

Lesen Sie bitte jede der folgenden Aussagen aufmerksam durch. Entscheiden Sie jeweils, ob beziehungsweise in welchem Maße die Aussage auf Sie zutrifft. Dementsprechend vergeben Sie für jede Aussage Punkte.

nie/sehr selten	=	0 Punkte
selten	=	1 Punkt
manchmal	=	2 Punkte
oft	=	3 Punkte
sehr oft/fast immer	=	4 Punkte

Aussage	**Punkte**
Am Ende eines Arbeitstags fühle ich mich emotional leer und ausgelaugt.	
Ich arbeite ohne Pausen, um mein Pensum schaffen zu können.	
Zu Freizeitvergnügen mit Freunden oder meinem Partner fehlt mir die Energie.	
Ich bin es leid, mit den Menschen zusammen zu sein, mit denen ich beruflich zu tun habe.	
Ich tue mich schwer damit, Forderungen abzuwehren und Nein zu sagen.	
Ich bin seit einiger Zeit schnell ungeduldig und reagiere gereizt.	
Ich habe mich von mir und meinen Wünschen entfernt.	
Ich schlafe unruhig und wache oft auf.	
Ich fühle mich niedergedrückt und deprimiert.	
Ich mache zynische Bemerkungen über meine Arbeit, über Kunden/Klienten oder Kollegen.	
In manchen Situationen habe ich völlig unbegründet Angst.	
Schon an den vor mir liegenden Tag zu denken macht mich müde.	
Entspannung finde ich nach dem Genuss von Alkohol.	
Ich fühle mich erschöpft, leer, versuche aber, irgendwie weiter zu funktionieren.	

Aussage	Punkte
Ich leide unter Magen-, Verdauungs- oder Rückenbeschwerden.	
Ich fühle mich unkreativ, habe keine Ideen mehr.	
Ich bin abends zu müde, um noch etwas zu unternehmen.	
Kontakte zu anderen Menschen strengen mich an.	
Ich habe den Eindruck, dass zu vieles an mir allein hängen bleibt.	
Von meinen Vorgesetzten, Kollegen, Kunden beziehungsweise Klienten bekomme ich keine Wertschätzung.	
Ich habe das Gefühl, meinen Aufgaben nicht gewachsen zu sein.	
Ich arbeite lange, mache Überstunden oder arbeite auch am Wochenende.	
Ich greife nach Aufputschmitteln, um meine Leistung einigermaßen aufrechtzuerhalten.	
Mir fehlt die sexuelle Lust.	
Ich mache mir Sorgen, wie ich die nächsten Jahre überstehen soll.	
Es fällt mir schwer, morgens aufzustehen.	
Ich nehme Schlaf- oder Beruhigungsmittel.	
Es fällt mir schwer, mich zu entspannen.	
Ich stelle die Wünsche und Bedürfnisse anderer über meine eigenen.	

Aussage	**Punkte**
Ich fühle mich körperlich unwohl.	
Ich habe die Freude an meinen Aufgaben verloren.	
Es fällt mir schwer, mich auf eine Aufgabe zu konzentrieren.	
Es mangelt mir an Zuversicht, dass sich alles zum Besseren wendet.	
Mir passieren öfter als früher Fehler.	
Es fällt mir in letzter Zeit schwer, klare Entscheidungen zu treffen.	
Ich würde am liebsten alles hinwerfen und nur noch meine Ruhe haben.	
Ich kann mich erst nach einem Drink halbwegs entspannen.	
Ich habe den Eindruck, dass mir alles über den Kopf wächst.	
Ich habe nur noch wenig Freude an dem, was ich tue.	
Ich leide unter Kopfschmerzen und/oder chronischen Verspannungen.	
Ich verspüre diffuse Angst.	
Obwohl ich mich erschöpft fühle, kann ich abends schlecht einschlafen.	
Ich habe Angst vor Konflikten.	
Die Menschen, für die ich arbeite, gehen mir auf die Nerven.	
Die Fülle meiner Aufgaben fordert mich bis an meine Leistungsgrenze.	

Aussage	Punkte
Ich muss in meiner Umgebung relativ viel Feindseligkeit ertragen.	
Ich habe seit Kurzem zunehmend das Gefühl, dass ich mich nicht mehr richtig erholen kann.	
Ich fühle mich bei der Arbeit frustriert.	
Ich ärgere mich über andere und bin enttäuscht von ihnen.	
Ich fühle mich zurückgewiesen.	

Auswertung
Zählen Sie die Punktezahl zusammen.

Bis 20 Punkte: Entwarnung
Ihr Burnout-Risiko ist gering. Achten Sie darauf, dass dies auch so bleibt. Sie haben eine gute Balance in Ihren beruflichen und auch privaten Anforderungen gefunden. Nehmen Sie sich auch weiterhin Zeit für Ihre Partnerschaft und Ihre Freundschaften und pflegen Sie ein gutes Verhältnis zu Ihren Kolleginnen und Kollegen. Lassen Sie Entspannung und Ausgleich nicht zu kurz kommen, vor allem dann nicht, wenn Sie beruflich oder privat Konflikte zu lösen haben.

21 bis 50 Punkte: Vorsicht
Zwar kann man noch nicht von einem fortschreitenden Burnout sprechen, doch gibt es Indizien dafür, dass Sie sich öfters bis an Ihre Grenzen belasten und der Ausgleich für die Belastung zu kurz kommt. Gehen Sie jeder einzelnen Aussage, die Sie mit »manchmal«, »oft« oder »sehr oft« bewertet haben, nach und überlegen Sie, was die kon-

kreten Ursachen für diese Wertung sind. So finden Sie Ansatzpunkte, um gezielt gegenzusteuern.

51 bis 90 Punkte: Signal
Hier liegt schon eine Gefährdung vor. Schauen Sie sich jede einzelne Aussage noch einmal an und fragen Sie sich, was genau Sie dazu veranlasst, sie als zutreffend zu werten. Sie sollten sich ernsthaft darum bemühen, Ihre derzeitige Situation zu verändern, und dies keinesfalls weiter aufschieben. Ziehen Sie dabei auch professionelle Hilfe in Betracht, dies kann Sie bei der Suche nach Lösungen wirksam unterstützen.

Über 90 Punkte: Alarm
Bitte suchen Sie sich professionelle Unterstützung. Sprechen Sie mit Ihrem Arzt oder Therapeuten über bereits bestehende Symptome. Warten Sie nicht, bis sich Ihr körperliches und psychisches Befinden weiter verschlechtert, sondern fassen Sie den Mut, sich Unterstützung zu sichern. Ist erst einmal der Zustand völliger Erschöpfung erreicht, kann nur noch eine Therapie helfen. Eine schwere Burnout-Erkrankung ohne ärztlich-therapeutische Hilfe heilen zu wollen ist nicht Erfolg versprechend.

Generell lässt sich sagen: Je weiter ein Burnout-Prozess gediehen ist, desto mehr Aufwand braucht es, ihn wieder umzukehren. Je frühzeitiger es Ihnen deshalb gelingt, Warnsignale zu erkennen – und sie ernst zu nehmen! –, desto einfacher können Sie selbst gegensteuern. Und je weiter sich der Burnout-Prozess bereits entwickelt hat, desto notwendiger wird in der Regel auch eine ärztliche oder eine psychotherapeutische Begleitung sein.

So soll es nicht mehr weitergehen

Ihr Testergebnis gibt schon einige Hinweise darauf, wo Ihre spezifischen Burnout-Gefahren lauern. Um bei guter Gesundheit zu bleiben, ist es notwendig, nach Anspannung und belastenden Situationen immer wieder zur Entspannung und in die innere Balance zu kommen. Dies klappt dann gut, wenn Ihre Bedürfnisse und Fähigkeiten einerseits und Ihre täglichen Herausforderungen andererseits im Gleichgewicht sind.

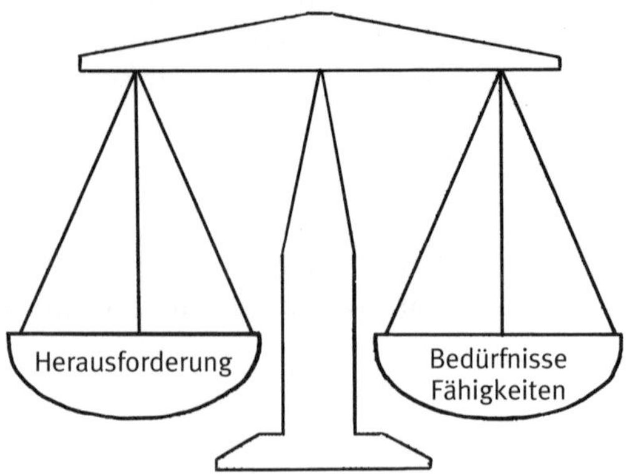

Gefährdet sind Sie dann, wenn die Herausforderungen über einen längeren Zeitraum hinweg größer sind als das, was Sie sich zutrauen, und/oder wenn Sie fortlaufend Ihre Bedürfnisse ignorieren, vor allem das Bedürfnis nach Ausgleich, Ruhe, Entspannung und Erholung.

Vermutlich liegen Ihre Testergebnisse nicht im Bereich »Entwarnung«, sondern eher im Bereich »Vorsicht« oder im Bereich »Signal«, denn sonst wäre es Ihnen wahrscheinlich kein Anliegen, sich mit dem Thema Burnout zu beschäftigen. Vielmehr sehen Sie Veränderungsbedarf und das ist auch gut so. Der Stoßseufzer »So kann es nicht mehr weitergehen!« kann zum Startschuss dafür werden, etwas an der Organisation des Alltags zu verändern. Fassen Sie den Mut, zu sagen: »So soll es nicht mehr weitergehen!« Und: »Was kann ich tun?«

Liegen Ihre Testergebnisse im Bereich »Alarm«, dann sollten Sie sich unbedingt fachliche Hilfe suchen, denn hier ist es mit der Lektüre eines Ratgebers nicht getan – auch wenn Sie gewillt sind, alle praktischen Übungen zur Burnout-Vorbeugung durchzuführen. Der Grund dafür ist: Sie müssen erst Ihre grundlegenden Reserven auffüllen, bevor Sie die Tatkraft entwickeln können, die notwendig ist, um dauerhaft Ihren Lebensstil zu verändern.

Sie selbst steuern Ihr (Lebens-)Schiff

Genau darum geht es: Sie selbst müssen etwas ändern – denn wenn Sie dies nicht tun, verausgaben Sie sich weiter bis hin zu dem Punkt, wo Sie nicht mehr können. Dann bestimmen andere, wo es für Sie langgeht. Beginnen Sie besser jetzt damit als erst später, wenn Sie womöglich nach weiter andauernder Talfahrt sich erst mühsam wieder herstellen müssen, ehe Sie überhaupt etwas tun können.

Ich will Ihnen keine Angst machen, sondern nur verdeutlichen, dass es sich rächen wird, die eigenen Bedürfnisse nicht ernst zu nehmen. Verschieben Sie das Gegensteuern bitte nicht auf irgendein »morgen«, nach dem Motto: Wenn erst die Eigentumswohnung abbezahlt ist … Wenn mal die Kinder im Kindergarten/in der Schule/auf dem Gymnasium/aus dem Haus sind … Wenn ich erst dieses oder jenes erreicht habe … Wenn ich erst in Rente bin, dann kann ich mich immer noch um meine Gesundheit kümmern und um die Dinge, die vielleicht auch noch wichtig sein könnten!

»Erst die Arbeit und dann das Vergnügen« – leben Sie auch nach dieser Maßgabe? Oder sehen Sie »nur im Moment« gar keinen anderen Weg? Irgendwann einmal, wenn die Zeit gekommen ist, dann werden Sie endlich Ihren Wünschen und Sehnsüchten nachgehen können, irgendwann ... und bis dahin wollen Sie durchhalten? Doch wenn Sie schon auf der Burnout-Spur sind, dann wird dieses »irgendwann« zur Fata Morgana. Selbst wenn Ihre Vorbedingungen eines Tages wirklich eintreffen – sind Sie dann vielleicht nicht mehr in der Lage, irgendetwas von dem, was Sie sich ersehnten, zu verwirklichen, weil Ihre Kräfte erschöpft sind und Sie an nichts mehr wirklich Freude finden. Das kann es doch nicht sein, oder?

Warten Sie also nicht auf ein »Irgendwann«, wo wundersamerweise alles ganz anders wird, während das Leben an Ihnen vorüberzieht und Sie – koste es, was es wolle – möglichst schnell und perfekt die Bedürfnisse anderer bedienen. Damit manövrieren Sie sich nur tiefer in die Burnout-Spirale hinein. Werden Sie aktiv und nehmen Sie die Verantwortung für Ihr persönliches Wohlbefinden ernst, mindestens so ernst wie Ihre Arbeit und Ihre Familie!

Burnout: »Wieso ich?«

Vielleicht fragen Sie sich, wieso gerade Sie gerade jetzt betroffen sind. »Die ganze Zeit ging es doch auch gut – weshalb denn plötzlich nicht mehr? Wo ist die Energie geblieben, mit der ich lange Zeit alles angepackt habe? Weshalb komme ich jetzt so schnell an meine Grenzen?«

Vielleicht gab es Veränderungen im Umfeld, die diese Dynamik in Gang setzten: steigende Anforderungen bei der Arbeit, zusätzliche Aufgaben, Ärger mit Kollegen, ein Mangel an Wertschätzung oder plötzlich aufgetretene Probleme im Privatleben.

Vielleicht gab es aber auch gar keinen besonderen Auslöser, der in die Burnout-Spirale hineinführte, sondern Sie hatten sich nur über längere Zeit immer einen kleinen Tick zu viel zugemutet, nur ein bisschen – das aber dauerhaft, sodass sich Erschöpfungssymptome völlig unmerklich in Ihr Leben eingeschlichen haben.

Doch ganz gleich, ob nun einzelne gravierende Veränderungen in Ihrem Leben zur Überforderung führten oder ob Sie in ein unmerklich sich steigerndes »Immer-mehr!« hineingeschliddert sind: Der Stress, dem Sie in Ihrem Alltag ausgesetzt sind, ist nun mangels Erholung zum Dauerzustand geworden. Und Dauerstress führt unweigerlich zum Verschleiß: Kein Organismus hält es unbeschadet aus, längere Zeit permanent in einem erhöhten Anspannungszustand zu bleiben.

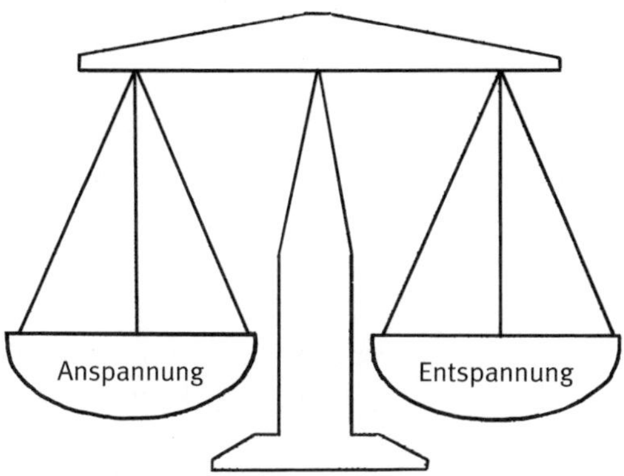

Anspannung und Entspannung müssen sich in einer gesunden Balance befinden, wenn Sie gesund und leistungsfähig bleiben wollen.

Das Wissen um die Risiken Ihres bisherigen Lebensstils allein reicht als Antrieb für Veränderungen nicht aus. Auch die generelle Absicht, »nun endlich gesünder zu leben«, ist zu vage formuliert, um wirklich Konsequenzen zu ziehen, wenn es gleichzeitig tausend gute Gründe gibt, warum es unmöglich erscheint, Zeitinseln für sich und Ihre Erholung zu schaffen. »Aber mein Chef …«, »Aber die Kinder …«, »Aber ich kann doch nicht …«

Mit solchen Überzeugungen nehmen Sie sich zum einen selbst die Möglichkeit, tatsächlich etwas zu tun und zu verbessern – und zum anderen ist die Alternative nicht verlockend: Ein Burnout-Prozess stoppt sich nicht von selbst, sondern führt irgendwann ins Aus. Bedenken Sie: Wenn Sie sich weiter übernehmen und dann aufgrund der chronischen Erschöpfung über längere Zeit ausfallen – dann muss es für die anderen auch irgendwie weitergehen, oder? Lassen Sie es nicht so weit kommen!

Wie stark ist Ihr Veränderungswunsch?

Es ist möglich, den eigenen Lebensstil zu korrigieren und Schritt für Schritt wieder neue Lebensfreude zu gewinnen. Der richtige Zeitpunkt ist jetzt: Wenn Sie erkannt haben, dass Handlungsbedarf besteht, und Sie entschlossen sind, sich auf den Weg zu machen. Dies ist die wichtigste Bedingung dafür, dass Sie tatsächlich etwas ändern: ihre Bereitschaft, etwas zu tun.

Schätzen Sie Ihren Veränderungswunsch jetzt einmal auf einer Skala von 1 bis 100 ein, bei der 1 »Wäre schon schön, aber …« bedeutet und 100 »Das will ich unbedingt ändern!« entspricht: Wo setzen Sie Ihre Markierung? Wie ernst ist es Ihnen damit, einem Burnout vorbeugen zu wollen? Wo liegt der Grad Ihrer Motivation auf dieser Skala?

1 100

Wäre schon schön, aber …	Das will ich unbedingt ändern!

Wenn Sie nun Ihre Einwände und Bedenken, alles, was bei Ihnen innerlich gegen eine Veränderung spricht, auf einer zweiten Skala, wieder von 1 bis 100 einschätzen, bei der 1 »Keine Bedenken, keine Befürchtungen« bedeutet und 100 »Es ist völlig unmöglich, etwas zu verändern«: Wie sieht es hier aus? Markieren Sie den Grad der Bedenken auf dieser Skala:

1 100

Keine Bedenken, keine Befürchtungen	Es ist völlig unmöglich, etwas zu verändern

Ihr Wert auf der ersten Skala sollte mindestens bei 70 liegen und der für Ihre Einwände zumindest unter 40, sodass die Motivation zur Veränderung deutlich höher ist als Ihre Einwände und Bedenken, die Sie wahrscheinlich auch haben – denn, hätten Sie keine Einwände und Bedenken, dann hätten Sie ja längst die Initiative ergriffen.

Was tun, wenn Ihr Wert in Skala 1 unter 70 liegt oder Einwände und Bedenken ebenso stark sind wie Ihr Veränderungswunsch? Machen Sie trotzdem die folgende Bestandsaufnahme. Mehr Klarheit über Ihre Situation zu gewinnen kann die Motivation zur Veränderung deutlich erhöhen.

Annehmen, was ist

Sich zuzugestehen, dass Sie erschöpft sind und dass Sie Erholung brauchen, statt sich immer weiter anzutreiben, löst zwar Ihre Probleme noch nicht, doch es ist die Voraussetzung dafür, sie gezielt angehen zu können. Es gilt nun, die Belastungsfaktoren zu analysieren, die den fortschreitenden Energieverlust hervorrufen.

Betrachten Sie die verschiedenen Aufgaben und Vorhaben, die eine durchschnittliche Woche mit sich bringt. Dazu gehören die beruflichen Beanspruchungen ebenso wie die häuslichen und familiären Verpflichtungen, die Zeit, die Sie mit Ihrem Partner, Ihren Kindern, mit Freunden, Bekannten und Kollegen, vielleicht auch Ihren Eltern oder anderen Verwandten verbringen, ehrenamtliches Engagement, Sport, Entspannung, Gespräche. Normalerweise beinhaltet eine Woche mehr Tätigkeiten, als uns bewusst ist, weil wir das, was wir häufig scheinbar nebenher erledigen, meist ausblenden. Wenn Sie den Umgang mit Ihrer Energie und Ihrer Zeit künftig anders gestalten wollen, sollten Sie zuerst schauen, wo Ihre Zeit eigentlich bleibt und wo Ihre Energie tatsächlich hingeht.

Übung: Zeitbilanz

Nehmen Sie sich etwas Zeit und bereiten Sie sieben Blätter vor, für jeden Wochentag eines. Teilen Sie jedes der Blätter in eine schmale Spalte links und zwei gleich breite Spalten rechts ein. Links legen Sie eine Zeitskala an – von Aufstehen bis Schlafengehen im Halbstundenrhythmus. In der zweiten Spalte tragen Sie die Aktivitäten ein, die Energie von Ihnen fordern, in der dritten die Dinge, die Ihnen Energie geben, zum Beispiel Pausen, Gespräche mit netten Kollegen, Spiele mit den Kindern und so weiter.

Zeitskala	Anspannung, Arbeit, Verpflichtung	Entspannung, Freude, Erholung
06.30	....	....
07.00	....	....
...	....	....

Halten Sie eine Woche lang in diesen drei Spalten genau fest, wie viel Zeit Sie für welche Aktivitäten verwenden. Das erfordert eine gewisse Disziplin, doch auf diese Weise wird deutlich, wie viel Zeit Sie tatsächlich wofür investieren. Wählen Sie dazu eine ganz durchschnittliche Woche, in der Sie weder größere Freiräume noch mehr Belastung haben als sonst.

Auch wenn Sie die Zeitbilanz lieber am PC vorbereiten, drucken Sie sie bitte aus, damit sie den Tageszettel mit sich führen und jederzeit Eintragungen machen können. Aus »Trage ich später nach« wird erfahrungsgemäß nichts.

Wie viel Zeit widmen Sie beispielsweise den Kernaufgaben Ihres Berufs und wie viel dem Drumherum, wie E-Mails, Telefonaten, Meetings ...? Wie viel Zeit brauchen Sie für Haushaltsarbeiten? Wie viel Zeit investieren Sie in Gespräche? Welche davon sind für Sie wichtig oder angenehm? Welche rauben Ihnen nur Zeit und Nerven? Wie groß ist der Anteil an ihrem Zeitbudget für Fahrten, Organisieren, Absprachen? Was kommt im Lauf des Tages an Wartezeiten zusammen? Was genau können Sie im Bereich Entspannung, Freude, Erholung für sich selbst notieren?

Wenn Sie nach Ablauf der Woche Ihre Aufzeichnungen ansehen, werden Sie wahrscheinlich staunen. Solch eine Selbstbeobachtung bringt Überraschungen. Jedenfalls werden Sie nun einen guten Überblick darüber haben, wo Ihre Zeit bleibt, wofür Sie Ihre Energie einsetzen und wie viel oder wie wenig Zeit Sie sich für Erholung und Regeneration gönnen.

Wenn Sie nun Ihr Zeitprotokoll genauer betrachten, dann werten Sie Ihre Notizen nach den nachfolgenden Kriterien aus und schreiben Sie auch das Zeitvolumen dazu auf:

1. Wie viel Zeit habe ich für die Kernaufgaben meiner Arbeit verwendet?

   ....

2. Wo stimmte das Verhältnis zwischen meinem Einsatz und dem Nutzen, den ich davon hatte? Wo habe ich hingegen viel gegeben und wenig bekommen?
   Verhältnis ausgewogen: ....

   Verhältnis unausgewogen: ....

3. Wie viel Zeit blieb mir für mein Privatleben? Für Familie, Freunde, gemeinsame Unternehmungen?

   ....

4. Welche Situationen, Abläufe, Tätigkeiten et cetera empfand ich als angenehm? Was bewirkte, dass ich mich dabei wohlfühlte?

   ....

5. Welche Situationen, Abläufe, Tätigkeiten etc. belasteten mich? Warum? Wie bin ich damit umgegangen?

   ....

6. Wann erlebte ich Stress? In welchen Situationen spürte ich Stress besonders intensiv?

   Mit wem? ....

   In welcher Situation? ....

Woran merkte ich, dass ich gestresst war? ......

....

7. In welchen Situationen erlebte ich mich als überfordert oder als hilflos?

....

8. Welche Dinge störten mich besonders und raubten mir die meiste Energie?

....

9. Gönnte ich mir nach einer Anstrengung genügend Entspannung? Wie lange arbeitete ich durchschnittlich am Stück, ohne für Ausgleich zu sorgen?

....

10. Wie sorgte ich für Entspannung? Was genau tat ich, um Spannung abzubauen?

....

11. Wo hatte ich das Gefühl, Zeit zu vergeuden? Wo gab es erzwungenen Leerlauf?

....

12. Was war in Ordnung und kann auch künftig so bleiben?

....

13. Was von den Dingen, die mich störten, liegt in meinem Einflussbereich und ließe sich künftig ändern?

....

14. Wie viel Zeit hatte ich für mich selbst? Zeit, in der ich dem nachgehen konnte, worauf ich gerade Lust hatte?

....

15. Womit war ich besonders zufrieden? Worauf konnte ich stolz sein, was lief gut?

....

16. Wann und wo fühlte ich mich besonders wohl?

....

17. Welche meiner Freundschaften und guten Bekanntschaften erlebte ich als besonders wertvoll oder unterstützend?

....

18. Was waren meine persönlichen Lichtblicke in dieser Woche? Wo konnte ich mich freuen und ganz ich selbst sein?

....

Halten Sie bitte Ihre Antworten schriftlich fest. Ergänzen Sie sie gegebenenfalls später, wenn Ihnen neue Aspekte dazu einfallen.

Skizzieren Sie Ihre persönliche Balance-Waage (siehe Seite 63) und tragen Sie Ihre derzeitige Einschätzung zum Verhältnis Anspannung – Entspannung ein.

Diese Bestandsaufnahme ist Ihre Grundlage dafür, im Abschnitt »7 Strategien zur Burnout-Prävention« konkrete Veränderungen anzugehen. Bitte bewahren Sie sowohl das Zeitprotokoll als auch Ihre Notizen zu den Fragen auf, denn sie bilden die Basis für Ihre Veränderungsansätze.

Überprüfen Sie nun noch einmal Ihre Motivation zur Veränderung:

Hat sich etwas verändert? Schätzen Sie Ihren Änderungswunsch wieder auf der Skala von 1 bis 100 ein:

1	100
Wäre schon schön, aber …	Das will ich unbedingt ändern!

Und wenn Sie nun die Einwände und Bedenken betrachten, wie sieht es jetzt auf Ihrer zweiten Skala aus?

1	100
Keine Bedenken, keine Befürchtungen	Es ist völlig unmöglich, etwas zu verändern

Wenn Ihr Wert in der ersten Skala weiter angestiegen und der für Ihre Einwände gesunken ist: wunderbar! Wenn dem nicht so ist oder Sie etwas »erschlagen« sind von den Ergebnissen Ihrer Wochenanalyse: Stellen Sie sich bitte einmal vor, Sie würden *gar nichts ändern*, alles ginge genauso weiter wie bisher. Formulieren Sie dazu bitte schriftlich Antworten auf folgende Fragen:

- Welchen Preis habe ich bisher für meine chronische Überlastung gezahlt und welchen Preis werde ich voraussichtlich zahlen, wenn ich so weitermache? Schauen Sie sich dazu noch einmal die Merkmale bei den fortgeschrittenen Burnoutstufen an (S. 20). Wollen Sie da wirklich hin?

  ....

- Welche gesundheitlichen Beeinträchtigungen könnten sich verschlimmern, wenn ich so weitermache wie bisher?

  ....

- Welchen Einfluss hat die ständige Überforderung auf mein Selbstwertgefühl und mein Selbstvertrauen?

  ....

- Wie wirkt sich die Überforderung auf mein Umfeld aus? Wer profitiert davon, wer ist beunruhigt deswegen?

  ....

- Welchen Preis werde ich in fünf Jahren zahlen müssen? Was hat mich das Festhalten am Status quo bis dahin psychisch, körperlich und vielleicht auch finanziell gekostet?

  ....

Wahrscheinlich haben die Antworten auf diese Fragen Sie nachdenklich gemacht. Es ist klar: Wenn Sie Ihr Leben so verändern, dass Sie wieder in Ihre innere Balance kommen, dann hat das natürlich seinen Preis – doch wenn Sie nichts an der Überbelastung verändern, dann hat auch dies seinen Preis: und der kann viel höher sein als der Preis dafür, aus der Burnout-Spirale auszusteigen – und wahrscheinlich auch höher, als Sie es sich im Moment vorstellen können. Sagen Sie also Stopp! Und beginnen Sie, etwas für sich selbst, Ihre Gesundheit und Ihr langfristiges Wohlbefinden zu tun.

7 Strategien zur Burnout-Prävention

Dreierlei ist unabdingbar, um in guter Balance mit den eigenen Bedürfnissen zu sein, gesund leben und produktiv arbeiten zu können:

- die Fähigkeit, Stress zu bewältigen,
- die eigenen Grenzen kennen
- und selbstverantwortlich für Phasen der Erholung sorgen.

In Zeiten, in denen Sie in Ihrer Mitte sind, scheint alles wie von selbst zu laufen. Sie fühlen sich wohl in Ihrer Haut und die Arbeit geht Ihnen leicht von der Hand.

In Phasen der Daueranspannung, wo Sie nicht wissen, was Sie zuerst erledigen sollen, weil ständig alles »Mach endlich!« und »Beeil dich!« zu schreien scheint, leisten Sie weniger als in guten Zeiten, weil sich mehr Fehler als sonst einschleichen und Sie manche Dinge dann mehrmals korrigieren müssen. Dies zieht dann natürlich weiteren Zeitverlust nach sich. So gesehen ist die Konzentration auf Ihr Wohlbefinden auch eine gute Investition in die Effektivität Ihrer Arbeit.

Gewinnen Sie Ihre innere Balance wieder. Indem Sie gut für sich selbst sorgen und die Energiebalance wieder ins Lot bringen, schaffen Sie die Grundlage dafür, Ihre Lebensqualität spürbar zu heben. Das werden Sie bemerken an einem Zuwachs an

- innerer Ruhe und Gelassenheit,
- körperlicher und psychischer Widerstandsfähigkeit,

- Konzentration,
- Erlebensfähigkeit.

Die folgenden sieben Anti-Burnout-Strategien geben Ihnen Anregungen zur Stressbewältigung, zur Vereinfachung, zum Regenerieren und zum Loslassen. Dies hilft nicht nur, Burnout zu vermeiden, sondern trägt vor allem auch dazu bei, Ihre Lebensfreude wieder zu stärken.

1. Vom Bermuda-Dreieck zum Balance-Dreieck: Setzen Sie Ihre Prioritäten neu

An Ihrer Wochenanalyse können Sie gut Ihren Veränderungsbedarf erkennen und konkrete Ziele daraus entwickeln: Es geht darum, dass Sie den Dingen, die Sie als angenehm, entspannend und inspirierend erleben, künftig *mehr* Zeit widmen. Denn dies sind Ihre Energietankstellen, Sinngeber und Gute-Laune-Macher.

Zum anderen haben Sie Ansatzpunkte dafür, wie Sie den Stress- und Belastungskandidaten in Ihrem Leben *weniger* Platz als bisher in Ihrem Leben einräumen. Denn dies sind Ihre Energiefresser und Burnout-Beschleuniger.

Prioritäten neu vergeben heißt,

- das in den Vordergrund zu stellen, was Ihnen wirklich etwas bedeutet,
- gezielt handhabbare Lösungen für die mit Stress und Überforderung verbundenen Probleme und Aktivitäten zu finden,
- Überengagement auf ein normales Maß zurückzufahren,
- einige Kraftfresser ganz aus Ihrem Leben zu tilgen.

Es bedeutet *nicht*, Zeitmanagement für noch mehr Optimierung zu betreiben, um noch schneller, besser, perfekter zu werden. Es geht auch nicht darum, wieder zu mehr Energie zu kommen, um sich anschließend mit neuer Kraft noch gründlicher verausgaben zu können. Und es ist ebenfalls nicht gemeint, sich ein paar kleine kuschelige Nischen zuzugestehen und ansonsten genauso pflegeleicht zu bleiben wie bisher und sich weiter ganz »selbstverständlich« für die Ansprüche anderer auf Kosten der eigenen Gesundheit aufzuarbeiten.

Vielmehr geht es darum, den eigenen Lebensstil gründlich zu überdenken und Wege zu finden, Ihre Kraftfresser zu mindern und Ihre Kraftquellen zu stärken, damit am Ende ein Plus an Lebenslust für Sie dabei herauskommt.

Prioritäten neu setzen – aber wie?

Über die Kunst, Prioritäten zu setzen, sind viele kluge Dinge geschrieben worden. Im Wesentlichen geht es dabei um ein simples Prinzip: Das Wichtige nach vorn, das Unwichtige nach hinten.

Die Schwierigkeit besteht darin, zu entscheiden, was wichtig ist und was nicht. Ihre jetzige Lebensqualität ist das Resultat von vielen bisher getroffenen Entscheidungen, bei denen ja auch stets Prioritäten eine Rolle gespielt haben. Zugunsten des Jobs musste beispielsweise die Familie zurückstehen, zugunsten der Hausarbeit rutschte die Entspannung nach hinten und so weiter.

Manche Aufgaben lassen sich auch schlecht gegeneinander abwägen, da sie in ganz unterschiedlichen Feldern liegen: Da konkurrieren dann beispielsweise »Bericht abschließen und zur Durchsicht an Abteilungsleiter Braun mailen« mit »Pünktlich zum Klassenfest erscheinen«, oder »Lebensmitteleinkauf« konkurriert mit »Teambesprechung«, sodass Sie sich manchmal wünschen, an zwei Orten zugleich sein zu können. Der meiste Stress entsteht dadurch, alles für wichtig zu halten und alles gleichzeitig erledigen zu wollen und sich damit in den tausenderlei verschiedenen Anforderungen, Aufgaben und Verantwortlichkeiten zu verzetteln, sodass Sie am Ende nur noch von einem »Muss« zum nächsten zu hetzen.

Da Sie den Tag aber nicht mehr Stunden geben können, sind Sie gefragt, die Zeit künftig anders einzuteilen als bisher. Es muss sich also etwas an den bisherigen Schwerpunkten und damit auch an Ihren Gewohnheiten ändern. Das klappt nur, wenn Sie Ihre eigenen Bedürfnisse und Ihr Wohlbefinden ernst genug nehmen und nicht weiter aufschieben nach dem Motto »Wenn ich mal Zeit habe«. Es wird nie genug Zeit da sein: Sie müssen sich die Zeit *nehmen*.

Bedenken Sie: Selbst wenn der Tag hundert Stunden hätte – Sie würden nie mit alledem fertig werden, was Sie meinen, unbedingt erledigen zu müssen. Man kann immer noch mehr tun, es bleibt stets etwas unerledigt. Also kommt es nicht darauf an, alles auf die Reihe zu kriegen, sondern vielmehr darauf, dem als wichtig Erkannten mehr Raum zu geben und dafür anderes loszulassen.

Was ist Ihnen wirklich wichtig?

Erholung, Entspannung, Lebensfreude, die Sie bisher zulasten von Arbeit und Verpflichtungen vernachlässigt hatten, müssen also in der persönlichen Wertehierarchie nach oben rücken, damit Sie ihnen künftig in Ihrer Tages- und Wochenplanung den gebührenden Stellenwert einräumen.

Es geht darum, von einem *ge*füllten zu einem *er*füllten Leben zu kommen. Ihre persönlichen Werte und Ziele sind dabei die Fixsterne, die Ihnen den Weg weisen und Ihre Entscheidungen maßgeblich beeinflussen. Die persönlichen Werte und Ziele klar vor sich zu sehen bedeutet, über eine Leitlinie zu verfügen, die es leichter macht, sich für oder gegen eine Aktivität zu entscheiden.

Je mehr Lebensrollen Sie innehaben – PR-Fachfrau, rechte Hand des Chefs, Ehefrau, Mutter, Vorsitzende des Elternbeirats, Schriftführerin im Kunstverein, Tochter, die sich um die alt werdenden Eltern kümmert, Freundin, Haushälterin … –, desto komplexer wird Ihr Wertgefüge und damit steigt auch die Gefahr, sich zu übernehmen. Prioritäten überprüfen bedeutet, sich das eigene Wertessystem bewusst zu machen und wahrzunehmen, ob es noch stimmig ist oder ob sich Wichtigkeiten verschoben haben.

Ihre persönliche Wertebalance

Werden Sie sich also bewusst, was Ihnen jetzt wirklich wichtig ist, und richten Sie Ihre Zeitplanung so danach aus, dass Sie dann immer mehr Zweitrangiges weglassen können.

Übung: Meine wichtigsten Werte

Nehmen Sie sich etwa 20 Minuten Zeit und sorgen Sie dafür, ungestört zu sein.

- Schreiben Sie hintereinander weg einfach alles nieder, was Ihnen zum Thema »persönliche Werte« in den Kopf kommt. Notieren Sie, was Ihnen im Leben wichtig und wertvoll ist, was Sie glücklich macht, was Sie zufrieden stimmt, wovon Sie gerne mehr in Ihrem Leben hätten. Betrachten Sie auch noch einmal Ihre Auswertung der Bestandsaufnahme auf Seite 66: Welche Werte spiegeln sich darin? Schreiben Sie die Erkenntnisse daraus dazu.
- Streichen Sie dann alle Begriffe weg, die Sie nur aufgeschrieben haben, weil Sie solche Werte haben *»sollten«*, weil Sie glauben, dass andere von Ihnen erwarten, dass Ihnen dies wichtig sein müsste. Es ist Ihre persönliche Liste, sie wird von niemandem moralisch bewertet. Daher sollte nur das darauf stehen, was Ihnen selbst wichtig ist.
- Lassen Sie Ihre Notizen einen Tag ruhen.

- Gönnen Sie sich wieder 20 Minuten Zeit und nehmen Sie erneut Ihre Werteliste zur Hand. Ergänzen Sie sie um weitere Aspekte, die Ihnen zwischenzeitlich eingefallen sind.
- In einem weiteren Schritt unterstreichen Sie nun diejenigen Dinge, die Ihnen gefühlsmäßig am wichtigsten sind, und lassen auch dieses Ergebnis wieder einen Tag ruhen.
- Gehen Sie schließlich daran, aus den unterstrichenen Werten eine Hitliste zu erstellen. Schreiben Sie die entsprechenden Ziffern vor die ausgewählten Begriffe 1., 2., 3. …
- Notieren Sie dann auf einem gesonderten Blatt die fünf für Sie wichtigsten Werte, Ihre Kernwerte:

  1. ……………………………
  2. ……………………………
  3. ……………………………
  4. ……………………………
  5. ……………………………

Lassen Sie sich bitte Zeit für diese Übung. Der Satz »Der Weg ist das Ziel« ist hier besonders zutreffend. Die intensive Beschäftigung mit Ihren Werten, Ihren Fixsternen, wird Ihnen Orientierung und Impulse für Veränderungen geben.

Tipp: Einer Ihrer Top Five sollte Ihr persönliches Wohlbefinden beinhalten – denn Sie wissen ja: *Gesundheit ist nicht alles – aber ohne Gesundheit ist alles nichts.* Die eigene Schaffenskraft zu erhalten ist Voraussetzung dafür, die anderen wichtigen Werte und Ziele in Ihrem Leben verwirklichen zu können.

Beantworten Sie sich dann die nachfolgenden Fragen zu Ihren Top Five:

1. Auf welche Weise lebe ich meine Kernwerte Tag für Tag? ....
2. Auf welche Weise verhalte ich mich kontraproduktiv zu meinen Kernwerten? ....
3. Stehen Kernwerte im Widerspruch zueinander? Und falls ja, wie löse ich das so, dass das Ergebnis stimmig für mich ist? ....
4. Stehen meine Kernwerte eventuell mit den Bedürfnissen und Werten der wichtigsten Menschen in meinem Umfeld in Konflikt? Und falls ja, wie löse ich das so, dass das Ergebnis stimmig für mich ist? ....

Auch hierzu nehmen Sie am besten wieder Ihr Zeitprotokoll und die Auswertung zur Hand. Beantworten Sie die Fragen für jeden Ihrer Werte gesondert.

Wer im Einklang mit dem eigenen Wertsystem lebt und seinen Werten im Alltag Raum gibt, erlebt einen deutlichen Energiezuwachs.

Die eigenen Werte zu übergehen oder sich häufig gegen die persönlichen Werten zu verhalten kostet viel Energie und führt zu Stress und chronischer Unzufriedenheit. So ist das beispielsweise bei Ruth (Beispiel S. 45), deren oberster Kernwert »Kreativität« ist. Indem sie sich nun aus Angst, Kunden zu verlieren, selber zu schnellem Arbeiten antreibt, arbeitet sie eigentlich selbst gegen ihre größte Gabe, die Fähigkeit, kreativ zu sein. Und je mehr sie sich antreibt, desto stärker behindert sie damit das freie, spielerische Denken. Je stärker die Blockade anwächst, desto mehr wachsen auch

Angst und Stress, und so verdoppelt Ruth ihre Anstrengungen – weiterhin entgegen ihrer eigentlichen Werte.

Wer wie Helene (Beispiel S. 48) »Familie« und »Hilfsbereitschaft« zu den persönlichen Kernwerten zählt, bezieht viel positives Feedback von anderen (»Wenn wir dich nicht hätten ...«). Das verlockt dazu, sich kräftemäßig zu übernehmen, denn die Anerkennung und Wertschätzung, die Helene durch Empathie und Engagement erhält, sind Balsam für die Seele. Die anderen drei Kernwerte, die sie noch in ihrem Portfolio hat: Zufriedenheit, Nähe zur Natur und Spiritualität, fallen dem hohen Anspruch an die eigene Leistungsfähigkeit zum Opfer.

Auch bei Annika (S. 43) zeigen sich deutliche Wertekonflikte. Ihre Kernwerte »Unabhängigkeit«, »Leistung« und »finanzielle Sicherheit«, »gute Mutter sein« und »Geborgenheit« stehen in Konflikt miteinander. Annika ahnt zwar, dass das Bestreben, es ihrem Ex zu zeigen, auf Kosten ihrer Lebensqualität geht, aber sie sieht keinen Weg für sich, anders zu handeln. Wenn sie ihre Lebensführung noch stärker nach ihrem beruflichen Weiterkommen und den Werten »Unabhängigkeit«, »Leistung« und »finanzielle Sicherheit« ausrichtet, werden ihre Werte »gute Mutter sein« und »Geborgenheit« noch weiter ins Hintertreffen geraten. In einer ähnlichen Situation sind viele alleinerziehende Mütter.

Was können Sie tun, um Ihre Werte mit Ihrem täglichen Leben in Einklang zu bringen? Betrachten Sie noch einmal Ihre Antworten zu den Fragen 2 und 3 aus der Übung.

Was müssten Sie ändern, damit Ihre Kernwerte Ihre Fixsterne ins Zentrum Ihres Lebens rücken? Was müssten Sie vielleicht aufgeben? Was müssten Sie zugunsten Ihres Wohlbefindens in den Vordergrund stellen? Welche Auswirkungen hätte das auf die wichtigsten Menschen in Ihrem Umfeld?

Mit dem Nachdenken über diese Fragen kommen Sie den Widersprüchen zwischen Ihren Kernwerten und Ihrem Alltagshandeln auf die Spur und werden angeregt, Ideen und Strategien zu entwickeln, wie Sie das, was Ihnen wirklich wichtig ist, mit den Sachzwängen Ihres Alltagslebens vereinbaren können. Burnout hat weniger mit der Anzahl der Stunden zu tun, die Sie täglich mit Arbeit verbringen, als vielmehr mit dem Gefühl, fremdbestimmt zu sein und wenig Raum für das »Eigentliche« zu haben, das, was Sie wirklich am Leben interessiert, wo Sie mit Herz und Seele dabei sind: Ihre Kernwerte.

Vorsicht! Wenn Dringlichkeit die Wichtigkeit toppt ...

Jenseits dessen, was wir selbst für wichtig halten, diktieren in unserem beruflichen und privaten Alltag oft alle möglichen dringenden Aufgaben die Struktur des Tages, und die Aktivitäten, die uns zufrieden stimmen, voranbringen oder unsere Lebens-Balance sicherstellen, schieben wir deshalb auf, oft Tag um Tag bis hin zum Sankt-Nimmerleins-Tag. »Putzen schlägt Lebensziel« hat das mein Trainerkollege Julian Wolf einmal sehr anschaulich formuliert: Wir verbringen viel mehr Zeit mit relativ belanglosen Tätigkeiten, die uns viel Zeit kosten, und haben dann nur wenig übrig für die Dinge, die uns am Herzen liegen oder uns weiterbringen.

Wenn wir zwanzig Jahre später Rückschau auf unser Leben halten, werden wir unseren Lebenserfolg aber nicht daran messen, wie viele Fußböden wir bis dahin geschrubbt oder auf wie viele E-Mails wir reagiert haben. Sondern wir werden überlegen, welche unserer Träume und Wünsche wir verwirklichen konnten und ob wir unser Leben so gelebt haben, dass es mit unseren maßgeblichen Werten in Einklang war.

Wie also umgehen mit den Zeitfressern und Energieräubern, mit Sachzwängen und Alltagskram, die uns die Zeit für die wesentlichen Dinge rauben? Verabschieden Sie sich von der Vorstellung, Sie könnten jemals wirklich *allen* Ihren Aufgaben gerecht werden. Es bleibt immer irgendetwas liegen. Die Lösung kann nicht sein, in den Tag das Maximum an Arbeit hineinzustopfen. Also geht es auch bei der täglichen Arbeit darum, Prioritäten zu setzen.

Top Five in der Tagesplanung

Jede Berufstätigkeit und jeder Haushalt bringt ganz unterschiedliche Aufgaben mit sich, die zu erledigen sind. Die Priorität jeder dieser Aufgaben ergibt sich aus ihrer *Wichtigkeit* und *Dringlichkeit* für Ziele, die wir entweder persönlich erreichen wollen oder die von anderen, beispielsweise vom Unternehmen, vorgegeben sind. Meistens sind mehr Dinge zu tun, als in das dafür erforderliche Zeitfenster hineinpassen. Machen Sie die Probe aufs Exempel beziehungsweise gleich jetzt die Top-Five-Tagesplanung für Morgen:

Die Top-Five-Tagesplanung

- Notieren Sie auf einem Blatt Papier alles, was in den nächsten Tagen ansteht. Schreiben Sie locker hintereinander weg, so, wie es Ihnen einfällt. Kategorie, Reihenfolge, Wichtigkeit und Dringlichkeit der jeweiligen Aufgabe sind zunächst nebensächlich. Denken Sie möglichst an alle Aufgaben.
- Werfen Sie jetzt bewusst den Anspruch über Bord, Sie müssten nun alles erledigen, was da schwarz auf weiß steht, um mit sich selbst zufrieden zu sein. Das schaffen letztlich nur jene Menschen, die sich kaum etwas vornehmen, und die haben mit Burnout nichts am Hut. Als Frau mit Doppel- oder Dreifachbelastung, die versucht, Beruf, Haushalt und Privatleben unter einen Hut zu kriegen, werden Sie niemals mit *allem* fertig. Geben Sie diesen Anspruch auf. Er macht Ihnen nur Stress und ein schlechtes Gewissen.

- Wählen Sie nun die fünf wichtigsten Dinge aus, die Sie morgen anpacken und erledigen wollen, und nummerieren Sie diese Aufgaben nach ihrer Wichtigkeit. Schreiben Sie diese Top Five auf ein gesondertes Blatt. Die Dinge, die auch noch erledigt werden könnten, sofern noch Zeit dafür da ist, verbleiben auf der »Generalliste«. Überlegen Sie sorgfältig, was Ihnen wirklich so wichtig ist, dass es zu den Top Five gehört. Widerstehen Sie der Versuchung, aus den Top Five die »Top Six« oder »Top Ten« zu machen!
- Erfassen Sie bei Ihrer Zeitplanung möglichst realistisch, wie lange Sie für diese fünf wichtigsten Aktivitäten brauchen werden, und schreiben Sie die geschätzten Zeiten für jede Tätigkeit mit auf Ihre To-do-Liste. Legen Sie dabei für jede Aufgabe nicht nur ihren Beginn, sondern auch ihr geschätztes Ende fest. Tun Sie das gerade auch bei jenen Aktivitäten, die nicht durch feste Termine vorstrukturiert sind.
- Denken Sie daran, die Generalliste ständig zu aktualisieren – so sind Sie sicher, dass Sie nichts vergessen. Doch jeden Tag wählen Sie von Neuem die aktuellen Top Five daraus aus und konzentrieren sich auf diese aus Ihrer Sicht wichtigsten Aufgaben.

Die To-do-Liste realistisch handhaben

Selbst bei sorgfältigster Planung und Umsetzung geschieht jeden Tag immer auch Unvorhersehbares. Verplanen Sie daher insgesamt nicht mehr als 60 bis 70 Prozent Ihrer Zeit, damit Sie noch Raum für Unerwartetes haben – und schreiben Sie vor allem keine Punkte auf, von denen Sie von vornherein wissen, dass Sie die Zeit dafür ohnehin nicht erübrigen können! 30 bis 40 Prozent Pufferzeit gibt Ihnen den Spielraum, dringende kleinere Aufgaben sofort erledigen zu können.

Die Liste Ihrer Tages-Top-Five, die sich auf Wesentliches beschränkt und am Abend abgearbeitet ist, stärkt das Gefühl, die Dinge im Griff zu haben. Eine lange Liste hingegen, von der dann vielleicht am Abend nur die Hälfte bewältigt ist, frustriert, schafft Verdruss und schwächt das Selbstvertrauen.

Hilfreiche Fragen bei der Prioritätensetzung

- Welches ist die Aufgabe, durch deren Erledigung ich den größten Beitrag dafür leiste, ein mir besonders wichtiges Ziel zu erreichen?
- Muss ich diese Aufgabe unbedingt selbst erledigen oder kann sie nicht genauso gut oder sogar besser jemand anderes übernehmen?
- Wo steht am meisten Geld auf dem Spiel?
- Gibt es Aufgaben, durch deren Erledigung andere Arbeiten weniger aufwändig oder ganz hinfällig werden?
- Was geschieht, wenn diese Aufgabe nicht oder nur unvollständig ausgeführt wird?
- Welches ist die Aufgabe, die – wenn ich sie nicht erledige – die negativsten Konsequenzen nach sich ziehen würde?
- Bei welcher Aufgabe sind keine oder nur geringe negative Folgen zu erwarten, falls ich sie nicht erledige?

Bewahren Sie Ihre Top Five des Tages stets gut sichtbar auf und arbeiten Sie die festgelegten Aufgaben nach und nach ab. Bleiben Sie konsequent, sorgen Sie für ausreichende Pausen zwischen den einzelnen Arbeiten und sprechen Sie sich für jedes Zwischenergebnis selbst Anerkennung aus. »Gut gemacht!«, »Prima!« – das kann man sich getrost zwischendurch auch selbst sagen.

Sollten Sie am Abend insgesamt weniger erledigt haben, als Sie es sich wünschten, dann machen Sie sich bitte keine Vorwürfe, sondern sehen Sie es so: Wenn Sie die fünf wichtigsten Dinge geschafft haben, ist der Tag schon gerettet! Dadurch, dass Sie Ihre Liste konsequent in der festgelegten Reihenfolge abgearbeitet haben, haben Sie sich in jedem Fall um das Wichtigste gekümmert. Und auch wenn der Tag so viel Unvorhersehbares mit sich brachte, dass von den Top Five gerade mal zwei bearbeitet werden konnten: Es waren die wichtigsten zwei!

Prioritätenlisten unterstützen dabei, uns auf das Wesentliche zu konzentrieren. Ganz allgemein stärkt es auch die Motivation, wenn wir unsere Prioritäten schriftlich festlegen, denn es erfüllt uns mit Stolz und Zufriedenheit, diese wichtigen Aufgaben Stück für Stück abhaken zu können.

Prioritäten setzen in der Arbeitsumgebung

Alle Gegenstände in Ihrer Umgebung – Mobiliar, Raumschmuck, Arbeitsgeräte, Unterlagen, Utensilien – beeinflussen direkt oder indirekt Ihre Arbeitsfreude und auch Ihre Leistung. Grund genug, sich eine Arbeitsumgebung zu schaffen, in der Sie sich wohlfühlen.

Ein freier Arbeitstisch verhilft zu einem freien Kopf. Sie tun Ihrer Konzentrationsfähigkeit Gutes, wenn Sie darauf nur die Unterlagen für Ihre aktuelle Aufgabe legen und außerdem zwei oder drei Dinge darauf stehen, die Sie gerne betrachten, etwa ein schöner Spruch oder ein Foto Ihrer Lieben. Der Rest der Fläche bleibt frei. Denn wenn Sie dauerhaft gestapelte Unterlagen und Unerledigtes in Ihrem Blickfeld haben, werden Sie dadurch immer wieder abgelenkt, und es macht sich ein Gefühl der Überforderung breit.

Räumen Sie also konsequent alle Unterlagen von Ihrem Arbeitstisch, die Sie für die Bearbeitung Ihrer aktuellen Aufgabe nicht benötigen. Durch Ihre Prioritätenliste wissen Sie, wie die Reihenfolge der heutigen Aufgaben aussieht. Es ist unnötig, gleich die Materialien für alle Aufgaben vor sich aufzutürmen. Tragen Sie lieber die Unterlagen für Ihre aktuelle Aufgabe zusammen und räumen Sie sie weg, wenn Sie die Arbeit daran beendet haben. Dies unterstützt auch das Gefühl, etwas abgeschlossen und bewältigt zu haben.

Verbannen Sie aus Ihrem Blickfeld auch alles, was sich bewegt, wie beispielsweise die Uhr mit Sekundenzeiger, das Mobile und auch den rotierenden Bildschirmschoner. Bewegungen im Arbeitsumfeld ziehen die Aufmerksamkeit auf sich und stören so immer wieder die Konzentration. Setzen Sie angenehme Akzente für Ihre Arbeitspausen. Schaffen Sie sich ein paar Utensilien an, die Sie besonders mögen: eine persönliche Kaffee- oder Teetasse, ein lustiges Mauspad, einen eigens erstellten Bildschirmschoner …

Feierabend ist Feierabend

Betrachten Sie das Schließen der Bürotür oder das Verlassen des Gebäudes als Signal dafür, alles hinter sich zu lassen. Machen Sie bewusst die Tür hinter sich zu, atmen Sie tief durch und lächeln Sie. Freuen Sie sich auf Ihr Zuhause, auf Ihren Partner, Ihre Familie.

Besonders wichtig ist es dabei, alle unerledigten Aufgaben und die Vorhaben für den kommenden Tag nun konsequent aus dem Bewusstsein zu verbannen und hinter sich zu lassen. Tragen Sie Büroarbeiten nicht in Ihr Privatleben hinein und begrenzen Sie nach der Bürozeit auch den häuslichen Einsatz.

Die freie Zeit brauchen Sie für Ihre Erholung und dafür, neue Kraft schöpfen zu können. Jetzt hat Erholung Priorität! Überlegen Sie, was Ihnen jetzt besonders Spaß machen würde, zusammen mit Ihrer Familie, Ihrem Partner oder auch alleine.

Checkliste: Setzen Sie gezielt Prioritäten?

- Kennen Sie Ihre fünf Kernwerte?
- Lenken Ihre fünf Kernwerte die meisten Ihrer wichtigen Entscheidungen?
- Nehmen Sie sich genügend Zeit für Ihre tägliche Arbeits- und Terminplanung?
- Legen Sie schriftlich Ihre Aufgaben und deren geschätzte zeitliche Dauer fest?
- Legen Sie auch für jeden Tag Ihre Top Five bindend fest?
- Erledigen Sie die wichtigen Dinge, Ihre Top Five, zuerst?
- Haben Sie Spielräume für Unvorhergesehenes in Ihrer Zeitplanung berücksichtigt?
- Sorgen Sie konsequent dafür, dass auf Ihrem Schreibtisch nur die Unterlagen für Ihre aktuelle Aufgabe liegen?
- Machen Sie pünktlich Feierabend?

2. Mut zur Lücke

Mit konsequentem Prioritätensetzen und der Konzentration auf die Top Five eines jeden Arbeitstags sorgen Sie dafür, die wesentlichen Aufgaben nach vorne zu stellen und sich erst danach Dingen zu widmen, die sonst noch zu tun sind. Dies garantiert, dass nicht die falschen Sachen liegen bleiben. Damit alleine ist es aber noch nicht getan. Um Job, persönliches Wohlbefinden, Familie und Haushalt in Balance zu bringen, sollten Sie im zweiten Schritt kräftige Abstriche an Ihrem Perfektionsanspruch machen.

Natürlich gibt es Aufgaben und Tätigkeiten, bei denen Perfektion ein unbedingtes Muss ist und Fehler gefährlich werden können. Bei der Anästhesistin im Operationssaal oder den Sicherheitskräften am Flughafen wird absolute Sorgfalt und hundertprozentige Leistung selbstverständlich erwartet. In vielen Bereichen ist Perfektionsstreben eine unerlässliche Voraussetzung, und es ist natürlich auch völlig okay, als Wissenschaftlerin, Musikerin oder Sportlerin mit herausragenden Leistungen brillieren zu wollen.

Doch nicht das ganze Leben besteht aus Gefahrenkontrolle und Spitzenleistungen. Das meiste, womit wir es im ganz normalen Alltag zu tun haben, erfordert bei weitem keinen vollen Einsatz.

Der falsche Glanz von Perfektion

Das Streben nach Perfektion wird zum Handicap, wenn sie sich auf unsere ganz normalen Alltagsaufgaben bezieht. Zum Beispiel, wenn wir es einfach nicht zuwege bringen, Aufgaben abzuschließen, weil wir endlos an Details herumfeilen. Wer wie Annika (siehe Seite 43) täglich viele Aufgaben zu jonglieren hat, muss nicht nur konsequent Prioritäten setzen, sondern auch Mut zur Lücke haben. Annika kann nicht in allem, was sie tut, Vollkommenheit erreichen. Wenn sie es dennoch unter Einsatz aller Kräfte erzwingen will, baut sie damit selbst einen Druck auf, dem sie irgendwann nicht mehr standhalten kann. Das leuchtet ein. Was macht es dann trotzdem so verlockend, rundum perfekt sein zu wollen?

Wer sich Höchstleistungen abverlangt und sich bis zum Umfallen verausgabt, hat natürlich auch Nutzen davon: Selbstbestätigung und ein gutes Gewissen. Es ist nun mal ein prima Gefühl, wenn man etwas absolut fehlerfrei hingekriegt hat und entsprechend gut dasteht – oder wenn man sich wenigstens nichts vorwerfen muss. Das sorgt für ein gutes Gewissen – auch im Fall eines Scheiterns.

Es ist ein befriedigendes Gefühl, so tüchtig und gründlich zu sein, so effizient zu funktionieren. Und wie schön, wenn andere das auch so wahrnehmen! Lob, Anerkennung und Zuwendung entschädigen dafür, ständig so viel Aufwand zu betreiben, um optimale Ergebnisse zu produzieren.

Und wenn Lob und Erfolg ausbleiben? Dann arbeiten wir in ständigem Übereinsatz weiter daran, uns und den anderen zu beweisen, dass wir alle Erwartungen erfüllen können. Tag für Tag, Woche für Woche, Jahr für Jahr. Und hoffen, dass es irgendwann bemerkt und honoriert wird. Dies beschränkt sich durchaus nicht nur auf Job und Haushalt. Auch in privaten Beziehungen geben wir uns viel Mühe, zu gefallen, Erwartungen nicht zu enttäuschen und stets für die Bedürfnisse anderer da zu sein: des Partners, der Kinder, anderer Familienmitglieder, Freundinnen, Nachbarn, Bekannten.

Tja, wären da nur nicht die Schattenseiten, die dieser unentwegte Übereinsatz mit sich bringt. Denn wenn wir uns auf die Fahnen geschrieben haben, *alles* perfekt zu managen, stehen wir ständig unter Hochspannung. Immer gibt es noch etwas, was zu erledigen, verbessern, organisieren und optimieren ist. Und so richtig zufrieden können wir nur sein, wenn wir tatsächlich *allen* Ansprüchen gerecht geworden sind – was wegen der hohen inneren Messlatte selten der Fall und wegen der tatsächlichen Aufgabenfülle ohnehin kaum oder gar nicht möglich ist.

Wenn wir unter dem Diktat dieses inneren Perfektionsanspruchs stehen, zieht dies automatisch Probleme mit der zur Verfügung stehenden Zeit nach sich. Obgleich wir häufig mit Aufgaben im Verzug sind und dann unsere Anstrengungen verdoppeln, doch noch all das zu schaffen, was wir oder andere von uns erwarten, bleibt vieles liegen. Das drückt auf die Stimmung und wir fühlen uns unzulänglich. Oft lässt uns dann auch der Gedanke an all das, was noch zu tun ist, und die Befürchtung, etwas vergessen zu haben, schlecht schlafen und auch tagsüber kaum zur Ruhe kommen. Den Anspruch auf Perfektion in Job *und* Haushalt *und* in der Beziehung *und* als Mutter verwirklichen zu wollen kostet Zeit und Energie, die uns in der Folge für Freizeit und Erholung fehlen. Und trotzdem scheint der Berg dessen, was noch zu tun ist, niemals kleiner zu werden.

Diese stetige Anspannung hat ihren Preis: Rundum-Perfektionistinnen sind anfällig für Infektionen und Kopfschmerzen und Herz-Kreislauf-Störungen. Sie klagen viel öfter über Müdigkeit und Kopfschmerzen, haben auch stärker mit depressiven Verstimmungen zu kämpfen als lockerer eingestellte Zeitgenossinnen.

Machen Sie gezielt Abstriche

Sie tun sich also keinen Gefallen damit, täglich von Neuem das Unmögliche beweisen zu wollen. Streben Sie lieber an, Ihren Einsatz künftig zu dosieren.

Welche der Aufgaben, mit denen Sie täglich zu tun haben, erfordern tatsächlich Ihren hundertprozentigen Einsatz? Bei welchen Aufgaben genügt auch schon ein geringerer Aufwand? Wenn Sie sich jetzt eine Skala von 0 Prozent Perfektion bis hin zu 100 Prozent Perfektion vorstellen, wo denken Sie, sind die einzelnen Aufgaben anzusiedeln? Notieren Sie hinter Ihrer aktuellen Aufgabenliste doch gleich einmal Ihre Einschätzung dazu.

Falls Sie nun die Versuchung lockt, alle Ihre Aufgaben mit 100 Prozent zu werten, denken Sie darüber nach, wie Sie zu dieser Einstufung kommen. Auch wenn Sie, wie viele Perfektionistinnen, Ihre Leistung zum Maß aller Dinge gemacht haben und überwiegend daraus Ihre Bestätigung ziehen, wie toll Sie alles unter einen Hut kriegen: Auf Dauer tun Sie sich damit nichts Gutes.

Ist es wirklich genauso wichtig, 100 Prozent Leistung zu zeigen, wenn es darum geht, Routine-Mails zu beantworten, wie wenn ansteht, dass Sie mittels einer Präsentation Besuchern einen Eindruck vom Leistungsspektrum Ihrer Firma vermitteln? Ist es tatsächlich erforderlich, eine zweite oder dritte Überprüfungsrunde zu starten, »nur um sicher zu gehen«, dass in Ihrem Bericht auch jedes Komma stimmt?

Allein wenn Sie künftig auf die Doppel- und Dreifachüberprüfungen verzichten, können Sie schon etliches an Zeit gewinnen. Lohnt es sich denn wirklich, Ihre wertvolle Zeit mit kleinen und kleinsten Verbesserungsbemühungen zu verbringen? Detailoptimierungen verschlingen weit über Gebühr Zeit – Zeit, die dann für Wesentliches fehlt. Darf es hier nicht etwas weniger Aufwand sein? 10 Prozent weniger? 20 Prozent weniger?

Wenn Sie bei den meisten Ihrer Aufgaben 80 Prozent oder darunter eingetragen haben: Glückwunsch! In vielen Fällen bringt es auch bei wichtigeren Vorhaben mehr, eine 80-Prozent-Lösung anzustreben, als das absolute Optimum erreichen zu wollen. Wer auf absolute Makellosigkeit abonniert ist, macht sich viel mehr Druck als jemand, der eine gute oder genügende Lösung anstrebt. Druck schürt die Angst, es nicht zu schaffen, dies wiederum beeinträchtigt Konzentration und klares Denken. Das macht fehleranfällig und die Gefahr eines Scheiterns ist höher als bei niedriger angesetzten Ansprüchen. Perfektion anzustreben kann also oft auch kontraproduktiv sein. Doch woher kommen eigentlich diese überzogenen Ansprüche, mit denen wir uns so oft selbst das Leben schwer machen? Und wie können wir sie loslassen?

Die eigenen Maßstäbe überprüfen

Wir werden nicht als Perfektionistinnen geboren, so viel ist klar. Perfektionsansprüche an uns selbst und an andere werden vielmehr im Lauf des Lebens durch verschiedene Einflüsse erworben: Elternhaus, Schule, Freundeskreis, gesellschaftliche Normen und Leitbilder.

Geschätzt werden, geliebt werden, bewundert werden, dazugehören – das sind elementare Bedürfnisse. Dafür sind wir bereit, viel zu tun. Jeder erhält gerne positive Resonanz und möchte möglichst nicht, dass er kritisiert wird oder ihm Versäumnisse vorgeworfen werden. Wenn wir zum Perfektionismus neigen, sind wir jedoch bereit, einen viel zu hohen Preis für die Erfüllung dieser Bedürfnisse zu zahlen.

Da wir unseren Wert als Person sehr stark über unser Tun und die Bewertung unseres Tuns durch andere definieren, wollen wir uns gegen Kritik von außen schon im Vorfeld wappnen und uns unangreifbar machen. Dahinter steckt die Überzeugung, nur dann von anderen geachtet und geliebt zu werden, wenn wir makellose und unfehlbare Leistungen präsentieren. Um diese eingefleischte Angst vor Fehlern und Kritik abzubauen, ist es hilfreich, genauer hinzuschauen und zu verstehen, was uns da eigentlich innerlich antreibt. Anschließend können wir dann versuchen, neu zu bewerten und uns neu zu entscheiden.

Übung: Hinterfragen Sie Ihre Maßstäbe!

Nehmen Sie sich etwas Zeit und lassen Sie den zurückliegenden Tag noch einmal Revue passieren. Denken Sie an das, was Sie alles getan haben, und auch an das, was vielleicht liegen geblieben ist und verschoben werden musste.

Womit sind Sie zufrieden und womit eher unzufrieden?

Zufrieden: ....

Unzufrieden: ....

Fragen Sie sich dann weiter:

- Woran mache ich fest, wie gut oder wie schlecht etwas gelaufen ist? ....

- Welchen Idealbildern folge ich mit meinen Bewertungen? ....
- Woher kommt diese Sicht der Dinge? Wer hat mir vermittelt, so zu werten? Von wem habe ich das übernommen? ....
- Wem meine ich etwas beweisen zu müssen? Warum? ....
- Sind diese Maßstäbe überhaupt noch aktuell? Oder eifere ich damit Ansprüchen anderer an mich aus längst vergangenen Zeiten nach?

  ....
- Was genau befürchte ich, wenn ich mich selbst weniger unter Druck setze? ....
- Wie realistisch sind diese befürchteten Konsequenzen? ....
- Was könnten erste kleine Schritte dazu sein, mich weniger anzutreiben – ohne dass damit meine Befürchtungen ins Uferlose wachsen?

  ....
- In welchen Bereichen könnte ich künftig mal probehalber lockerlassen und mich mit einer guten oder ausreichenden Leistung zufriedengeben?

  ....

Oft ist es die diffuse Furcht vor negativen Folgen, die verhindert, perfektionistische Ansprüche herunterzufahren oder ganz loslassen zu können. Die allermeisten dieser befürchteten Konsequenzen haben nur wenig mit der realen Situation zu tun, sondern sie beziehen sich auf Erlebnisse in der Vergangenheit, die bis in die frühe Kindheit zurückreichen können. Wer als junger Mensch erlebt hat, kaum je etwas »gut genug« gemacht zu haben und in der Folge mit Entzug von Zuwendung, Abwertung und zynischer Kritik fertig werden musste, der hat entsprechende Strategien entwickelt, sich davor zu schützen. Und meist hat er diese so fest verinnerlicht, dass es schwerfällt, sich davon zu lösen.

Haben wir diese Zusammenhänge erkannt, sind wir zwar damit unsere perfektionistischen Gewohnheiten noch nicht los, aber wir sehen deutlicher, wo wir neue, wohlwollendere Maßstäbe anlegen und damit Druck wegnehmen können.

Tipp: Machen Sie es wie die Spitzensportlerinnen und unterscheiden Sie zwischen Training und Turnier. Auf das Alltagsleben übertragen heißt das: Gehen Sie im normalen Alltag nicht mehr bis an die Leistungsgrenze.

Bestimmen Sie künftig den Grad der Perfektion danach, wie wichtig die jeweilige Aufgabe ist. Muss wirklich jede E-Mail dreimal auf Rechtschreibfehler überprüft werden? Muss wirklich auch noch die allerletzte Falte aus der Bluse gebügelt werden?

Machen Sie Schluss damit, auch banale Dinge wie Aufräumen, Post sortieren, Briefe schreiben, Putzen und so weiter mit der gleichen Sorgfalt zu erledigen, die Sie auf die Kernaufgaben Ihres Jobs verwenden würden. Dies führt nur dazu, sich am Ende des Tages völlig ausgelaugt zu fühlen. Machen Sie es sich zur Maxime, dass Sie Dinge, die mit wenig Einsatz zu schaffen sind, auch mit wenig Einsatz erledigen und sich damit zufrieden zu geben, dass sie gemacht sind und dass es kein Drama ist, wenn mal etwas liegen bleibt. Für die meisten Aufgaben, vor allem für Routinetätigkeiten kommen Sie locker mit etwa 60 bis 80 Prozent Ihrer Kraft und Genauigkeit aus. Manche Dinge können Sie vielleicht ohne Schaden auch ganz weglassen. Wenn der Bericht, den Sie rausschicken, drei Kommafehler hat, ist das akzeptabel – vor allem dann, wenn dies nur durch zeitaufwändiges Nachschlagen hätte bereinigt werden können.

Es gibt viele einfache Maßnahmen, mit denen sich der Zeitaufwand für Routinetätigkeiten reduzieren lässt. Behandeln Sie beispielsweise Ihre Mailbox, in der Regel einer der hauptsächlichen Zeit- und Energiefresser, künftig wie Ihren Postbriefkasten. Leeren Sie den elektronischen Briefkasten auch nur einmal täglich, am besten *nach* dem Bearbeiten Ihrer aktuellen Top Five. Beantworten Sie alle Mails nacheinander weg möglichst kurz und knapp. Führen Sie ein Telefonat, falls ein Vorgang dadurch einfacher und rascher erledigt werden kann.

Mehr Energie und Akribie investieren Sie nur dort, wo es wirklich darauf ankommt: die Kernaufgaben Ihres Jobs, Bewerbungen, Präsentationen, ein durchkalkuliertes Angebot für einen Kunden, das Schreiben einer Rechnung und so weiter.

Reduzieren Sie Ihre Erwartungen an sich und andere

Innere Zufriedenheit und Sicherheit hängen nicht davon ab, was genau Sie nun geschafft und nicht geschafft haben. Entscheidend ist, wie Sie sich selbst sehen und was Sie von sich und anderen erwarten.

So war es Ihnen bislang ohne Weiteres möglich, bis zur Erschöpfung zu arbeiten und dennoch keine gute Meinung von sich zu haben. Schließlich könnte es immer noch mehr und noch besser sein.

Wenn Sie glauben, es sei unmöglich, Ihre eingefleischten Perfektionsansprüche zurückzufahren, dann sollten Sie sich bewusst machen, dass es letztlich immer irgendwie weiterlaufen wird – auch wenn Sie infolge chronischer Erschöpfung ausfallen sollten. Niemand ist unersetzlich – an keiner Stelle! Bestimmen Sie also lieber selbst, was Sie weglassen und wo Sie künftig Abstriche machen wollen, bevor es im Notfall andere an Ihrer Stelle tun.

Doch nicht nur wegen der ständigen Unzufriedenheit ist es gefährlich, das eigene Selbstwertgefühl mit dem Anspruch auf perfekte Leistung zu verknüpfen; es macht Sie auch abhängig und manipulierbar durch Lob und Tadel von anderen.

Wenn Sie einen Chef haben, der um Ihren Hunger nach Anerkennung weiß, ist es ihm ein Leichtes, hier noch etwas Öl ins Feuer zu gießen. Indem er statt der erhofften Wertschätzung Kritik übt, bringt er Sie ganz mühelos dazu, sich noch mehr einzusetzen. Wenn Ihr Partner Ihnen versichert, wie großartig er es findet, dass Sie trotz Ihres anstrengenden Jobs den Haushalt so prima stemmen, dann werden Sie sich vielleicht lieber auf die Zunge beißen, als um Unterstützung zu bitten.

Sie tun also gut daran, nicht nur gegenüber Ihren eigenen Erwartungen perfektionsresistenter zu werden, sondern sich auch unabhängiger vom Feedback Ihrer Umgebung zu machen. Überdenken Sie Ihre Erwartungen – an sich selbst und auch an Ihr Umfeld. Warten Sie nicht darauf, dass andere über Ihre Leistung urteilen und Ihnen bestätigen, wie gut Sie sind. Setzen sie stattdessen für sich selbst neue, differenzierte Maßstäbe für das, was Sie Tag für Tag bewältigen. Geben Sie sich nicht länger der Vorstellung hin, Sie müssten anderen etwas beweisen, um »ja« zu sich selbst sagen zu können. Das ist ein Relikt aus Kinder- und Jugendzeiten.

Fragen Sie sich auch nicht länger: Wie kann ich diesen Anforderungen perfekt gerecht werden? Sondern: Wie viel Aufwand ist nötig, um ein Ergebnis zu erreichen, mit dem ich gut leben kann?

Setzen Sie also Ihre Fähigkeit zur Perfektion künftig ganz anders ein als gewohnt: Erkunden Sie gezielt, wie Sie gute Ergebnisse mit wesentlich weniger Aufwand als bisher erreichen können.

Übung: Differenzierungsliste

- In welchen Bereichen gebe ich künftig der zügigen Erledigung den Vorrang vor der akribischen Ausarbeitung? ....
- Wo behalte ich den Anspruch auf hohe Qualität bei? ....
- Was werde ich künftig ganz weglassen?
  ....

Weniger ist oft mehr

Häufig spielt uns unser Gefühl einen Streich: Unbewusst sind wir davon überzeugt, es gäbe einen logischen Zusammenhang zwischen Einsatz und Qualität: Je mehr wir uns anstrengen, desto besser das Ergebnis. Mühsam Erarbeitetem messen wir mehr Wert zu als dem, was wir relativ leicht erreichen. Deshalb machen wir uns das Leben unnötig schwer.

Aber von der Ergebnisseite und nicht von der Einsatzseite her betrachtet gilt: Nicht die aufgewendeten Stunden sind es, die zählen, sondern das, was herauskommt. Und wenn wir uns außerdem immer wieder bewusst machen, dass das Ergebnis meistens nicht zu 100 Prozent gut sein muss, sondern 60 bis 80 Prozent Qualitätsanspruch in aller Regel genügen, dann wird uns die Arbeit wesentlich leichter von der Hand gehen.

Um gut zu sein, müssen Sie weder alles können noch ständig Ihr Bestes geben. Wenn Sie statt Perfektion nur taugliche Ergebnisse anstreben, gehen Sie entspannter und mit mehr Optimismus an Ihre Aufgaben heran: Sie denken ergebnisorientiert und trauen sich eher zu, einer Herausforderung gerecht zu werden. Auch das Gehirn arbeitet dann effektiver, da Ihr Denkvermögen nicht durch

Stress erzeugende Befürchtungen und Versagensängste blockiert ist wie »Ist da nicht doch noch ein Fehler drin?«, »Werde ich das alles schaffen?«, »Habe ich wirklich absolut nichts vergessen?«

Dadurch, dass Sie sich weniger vornehmen und Ihre Ansprüche und Erwartungen herunterstufen, geben Sie sich die Chance, sogar in manchen Dingen produktiver zu sein als bisher – so paradox das auch klingen mag.

Und vor allem: Sie gewinnen Zeit dafür, Pausen zu machen, locker zu lassen, durchzuschnaufen; Sie hetzten nicht mehr von einer Aufgabe zur nächsten, weil Sie chronisch in Verzug sind.

Lassen Sie locker – und verbessern Sie damit die Atmosphäre

Wer an sich selbst hohe Erwartungen stellt, tut das in aller Regel auch seinen Mitmenschen gegenüber. Wenn uns die Bewertung von Leistungen in »perfekt« und »unzureichend« zur zweiten Natur geworden sind, legen wir diese hohe Messlatte auch an andere an. Dann muss sich jemand schon gewaltig ins Zeug legen, um es uns recht zu machen.

Wer aber anderen ständig das Gefühl gibt, nicht gut genug oder nicht schnell genug zu sein, verbreitet Ärger, Stress und Hektik und macht sich zusehends unbeliebt.

Hier finden wir ein zweites Paradox: Als Perfektionistinnen streben wir doch mit unserer Leistungsbereitschaft danach, geliebt, geschätzt und anerkannt zu werden – und genau das wird uns dann vorenthalten, weil wir so unduldsam mit uns und anderen sind. Kollegen und Familienmitglieder spüren unsere allzu kritische Haltung selbst dann, wenn wir gar nichts Negatives äußern. Unsere Mimik und Gestik spricht Bände. So werden wir vielleicht bewundert, weil wir so tüchtig sind, aber so richtig warm wird keiner mit uns. Perfektion macht einsam – und sichert übrigens auch keineswegs das berufliche Weiterkommen. Aktuellen Untersuchungen zufolge finden Vorgesetzte eine hohe Leistungsbereitschaft zwar lobenswert, befördern meist aber nicht die Fleißigen, sondern eher diejenigen, die das Große und Ganze im Auge behalten, konsequent ergebnisorientiert arbeiten, sich gut darstellen und gut mit anderen umgehen können.

Wenn Sie also ihren Drang, alles ohne Fehl und Tadel managen zu wollen, ein Stück weit loslassen können und sich selbst den einen oder anderen Patzer zugestehen, tun Sie sich und anderen etwas Gutes. Die innere Anspannung lässt nach. Sie werden gelassener und können dann auch mehr Toleranz im Umgang mit Fehlern und Schwächen anderer zeigen. Die Menschen, an denen Ihnen liegt, sind lieber mit Ihnen zusammen, da sie sich nicht mehr so stark bewertet und eingeordnet fühlen.

Checkliste: Wie weit haben Sie sich entperfektioniert?

- Wo habe ich Abstriche am Perfektionsanspruch gemacht und bin jetzt mit 80 Prozent Leistung oder weniger zufrieden?

  ....

- Welche Erwartungen anderer erfülle ich nicht mehr oder nicht mehr vollständig?

  ....

- Welche meiner eigenen Ansprüche an mich selbst kann ich gut loslassen, welche zumindest teilweise?

  ....

- In welchen Bereichen kann ich jetzt auch toleranter gegenüber Unzulänglichkeiten anderer sein?

  ....

3. Grenzen spüren, Grenzen setzen

Haben Sie Ihre zentralen Werte und die Konzentration auf die Top Five Ihres Arbeitstags schon gut verinnerlicht? Wenn ja, hat Ihnen dies auch dabei geholfen, perfektionistische Ansprüche und Erwartungen abzubauen und loszulassen sowie das Wesentliche im Auge zu behalten. Wahrscheinlich haben Sie auch erkannt, dass Sie in Ihrem Job und zu Hause bisher viel mehr Energie und Zeit investiert haben, als für ein akzeptables Ergebnis nötig gewesen wäre. Jetzt, wo Sie nicht mehr so viel Zeit in Detailarbeiten stecken und stattdessen Ihre Prioritäten im Auge behalten, hat sich der Druck schon etwas gelockert. Nun geht es darum, sich schrittweise noch weiter zu entlasten, indem Sie Ihre Grenzen besser spüren und auch anderen Grenzen setzen.

»Grenzen setzen« heißt keineswegs, eine Mauer um sich herum zu errichten, sondern auf das, was an Sie herangetragen wird, mit einer bewussten Entscheidung zu reagieren – einer Entscheidung, die sich daran orientiert, was gut für Sie ist und was nicht – und dementsprechend Ihre Wahl zu treffen.

Wer weiß, wozu er Ja sagt, dem fällt es leichter, Nein zu sagen

Vielleicht haben Sie bisher in perfektionistischer Manier auch Arbeiten an sich gezogen oder auf sich genommen, die gar nicht zu Ihren Aufgaben gehört hätten – denn wer kann sie besser erledigen als Sie? »Sie sind eben einfach unsere Expertin für solche Dinge«, »Schatz, mach du das, du kannst das doch viel besser« – das geht runter wie Öl, oder?

Außerdem wollen Sie sich womöglich auch keinen Mangel an Pflichtbewusstsein nachsagen lassen und muten sich deshalb im Einsatz für die Wünsche und Bedürfnisse anderer häufig zu viel zu. Oft steckt auch die Angst dahinter, bei einem »Nein« für leistungsschwach, unmotiviert, herzlos oder überfordert gehalten zu werden. Doch wenn Sie die Anliegen anderer allzu oft vor Ihre eigenen stellen, verlieren Sie Ihre Prioritäten schnell (wieder) aus dem Blickfeld. Zudem sind auf Dauer Stress, Ärger über die eigene Inkonsequenz und das frustrierende Gefühl, ausgenutzt zu werden, vorprogrammiert.

Machen Sie sich also noch häufiger als bisher klar, was Sie vorrangig wollen und was Ihnen wichtig ist. Nein zu sagen, fällt leichter, wenn Sie Ihre Prioritäten klar gesetzt haben und voll dahinter stehen, wenn Sie Ihre Top Five ernst nehmen und Ihnen klar ist, dass es an Ihnen selbst liegt, gut für sich zu sorgen. Wenn Sie für Ihre Prioritäten einstehen und Aufgaben ablehnen, die der andere genauso gut selbst in die Hand nehmen kann, signalisieren Sie sich damit auch, dass Sie es sich selbst wert sind, nicht mehr für alles und jedes zur Verfügung zu stehen.

Fußangeln erkennen

Wie oft ertappen Sie sich dabei, dass Ihr Partner oder ein Kollege Sie um etwas bittet, was er genauso gut hätte selber erledigen können, und Sie automatisch nicken und zusagen? Und hinterher ärgern Sie sich über sich selber, weil Sie es wieder einmal nicht geschafft zu haben, abzulehnen?

Häufig ist gerade dies ein nicht zu unterschätzender Nährboden für Stress: die zusätzliche Arbeit und der Ärger darüber, dass Sie sich wieder haben »breitschlagen« lassen. Wenn der Gefallen, den Sie dem anderen dann tun, Ihnen nur Stress bringt und Sie die Sache entsprechend frustriert und lustlos erledigen – dann ist es doch besser, häufiger mal Nein zu sagen, wenn es um das Übernehmen zusätzlicher Arbeit geht.

Ja sagen und Nein meinen – warum eigentlich?

Warum fällt es uns manchmal so schwer, ein Anliegen abzulehnen? Was hindert uns daran, einfach freundlich, aber bestimmt zu sagen, dass wir für das Ansinnen nicht zur Verfügung stehen? Die häufigsten Gründe dafür sind:

- ein ausgeprägtes Pflichtgefühl,
- die Sorge darum, die Gefühle des Gegenübers zu verletzen,
- es gerne zu tun, weil uns viel am anderen liegt,
- die Annahme, dann als unfreundlich, egoistisch oder unkollegial zu gelten,
- die Befürchtung, dann nicht mehr gemocht, geschätzt oder geliebt zu werden,
- die Angst vor »Vergeltung«: Wir könnten die Unterstützung des anderen ja schließlich auch mal brauchen,
- eine Bringschuld einzulösen, sich erkenntlich zeigen für eine selbst in Anspruch genommene Unterstützung,
- aus Resignation, weil man gegen die Überredungskünste des anderen nicht anzukommen glaubt.

Alle diese Gründe sind nachvollziehbar und verständlich. Und sie werden im Alltagsleben bei vielen Entscheidungen auch immer wieder eine Rolle spielen.

Es geht nicht darum, dass Sie sich nun in eine Egoistin verwandeln, die grundsätzlich nur noch Nein sagt. Natürlich dürfen Sie eine freundliche, einfühlsame und hilfsbereite Kollegin, Partnerin, Mutter bleiben. Grenzen setzen funktioniert nicht nach dem Alles-oder-nichts-Prinzip, sondern danach, künftig stärker die eigenen Prioritäten in den Vordergrund zu stellen.

Klar, wenn Ihre Chefin Ihnen eine wichtige Aufgabe überträgt oder Ihr Partner die Tochter aus einem wichtigen Grund nicht wie abgemacht vom Kindergarten abholen kann, ist es selbstverständlich, dass Sie einspringen. Falls jedoch ein Kollege öfters leidige Aufgaben an Sie abzuschieben pflegt, die eigentlich zu seinem Arbeitsbereich gehören, sollten Sie solchen »Fleißaufgaben« künftig einen Riegel vorschieben.

Selbstreflexion über Ihre Entscheidungsgewohnheiten

Denken Sie bitte über Ihre Entscheidungsgewohnheiten nach:

- Welche Gedanken entdecken Sie häufig bei sich selbst, die Sie daran hindern, etwas abzulehnen?
  ……………………………………………………
- Gegenüber welchen Menschen und in welchen Situationen fällt es Ihnen relativ leicht, Grenzen zu setzen? ……………………………………………
- In welchen Situationen beziehungsweise gegenüber wem gelang es Ihnen bisher noch nicht oder nur mit großer Anstrengung oder mit viel Aufwand und Verdruss? ………………………………

Die Aufgabe ist also, sensibel zu werden für Ihre Wünsche:

Was wollen Sie für andere leisten?

Was können Sie leisten?

Wofür stehen Sie künftig nicht mehr zur Verfügung?

Haben Sie Ihre Wünsche im Blick, dann können Sie selbstbestimmt darüber entscheiden wozu Sie Ja und wozu Sie Nein sagen.

Widerstand ist ganz normal

Natürlich wird diese Änderung in Ihrem Verhalten nicht ohne Konflikte abgehen – denn schließlich haben sich alle daran gewöhnt, dass Sie immer bereit sind, zu zeigen, wie klug, flexibel und belastbar Sie sind.

Spätestens dann, wenn Sie auf ein: »Ach, könnten Sie nicht mal schnell …« das dritte Mal mit »Nein, das geht bei mir gerade nicht« geantwortet haben, ist angekommen, dass es mit Ihrer Pflegeleichtigkeit nun wohl vorbei ist.

Tja, da müssen nun andere ran, und das wird bei den Betroffenen keine Jubelrufe auslösen. Vielmehr wird es Widerstand geben, wenn Sie Ihre Überstunden reduzieren und pünktlich die Firma verlassen, wenn Sie dem Kollegen zwar bereitwillig erklären, wie er ein Problem lösen kann, sich aber weigern, die Sache selbst für ihn in die Hand zu nehmen.

Niemand ist begeistert, wenn er nun Arbeiten selber erledigen muss, für die sich bisher bereitwillig jemand anders, nämlich Sie, zur Verfügung gestellt hat. Entsprechend frostig kann erst einmal die Reaktion sein. Das ist für jemand, der bisher viel von seiner Selbstachtung durch die Anerkennung durch andere bezogen hat, natürlich erst mal ein hartes Brot.

Wenn Sie Ihr bisheriges Verhalten ändern, kann also ein echtes Dilemma entstehen. Einerseits haben Sie erkannt, wie stark die vielen Zusatzaufgaben an Ihren Kräften gezehrt und Sie die Zeit gekostet haben, die Sie besser für Ihre Big Five eingesetzt hätten – andererseits befürchten Sie, das Wohlwollen und die Anerkennung der Menschen in Ihrem Umfeld zu verlieren, wenn Sie sich nun weigern, wie gewohnt einzuspringen.

Die Verlockung ist groß, dann doch lieber klein beizugeben, statt sich Protest und Kritik auszusetzen. Schließlich wollen Sie doch keinen Unfrieden stiften und auch die Sympathie der anderen nicht aufs Spiel setzen. Stecken Sie in solchen Überlegungen, dann setzen Sie schnell die Langfrist-Brille auf!

Was Sie durch die Langfrist-Brille sehen

Sie wollen besser für sich sorgen und Burnout vorbeugen. Die ersten Schritte dazu haben Sie getan und gemerkt, dass es Zeit braucht, Ihre Gewohnheiten zu ändern. Ebenso geht es aber auch den Menschen in Ihrer Umgebung, schließlich war es für sie bisher ja bequemer. In den meisten Fällen müssen Sie aber nicht befürchten, dass andere Ihnen für alle Zeiten gram sind. Sie werden sehen, dass nur in der Übergangsphase der eine oder andere etwas konsterniert ist, weil er sich jetzt selber umorientieren muss.

Überlegen Sie, wie es für Sie weitergehen würde, wenn Sie sich einfach in ein resigniertes »Ich halte das einfach nicht aus, wenn jemand sauer auf mich ist« flüchten. Was würde das auf längere Sicht für Ihre Gesundheit, Ihre Zufriedenheit und Ihr Wohlbefinden bedeuten? Es kann Ihnen beispielsweise passieren, dass Sie das, was Sie für sich und Ihr Lebensglück als wichtig erkannt haben, wieder aus den Augen verlieren, indem Sie weiter versuchen, es allen recht zu machen. Dass Sie, weil Sie anderen gefällig sein wollen, mit Ihren eigentlichen Aufgaben chronisch in Verzug sein werden. Dass Sie sich weiterhin häufig ärgern müssen, sich den Überredungskünsten anderer gebeugt zu haben. Dass Ihre Erholung nach wie vor zu kurz kommen wird. Jede Menge vermeidbarer Stress also.

Letztlich bringt es Ihnen wesentlich mehr, die Unannehmlichkeiten der Widerstandsphase durchzustehen, um dann zu besseren Lösungen für sich selbst zu kommen. Bedenken Sie dabei auch: Langfristig gesehen, hat Ihr Betrieb und haben Ihre Lieben daheim mehr von Ihnen, wenn Sie nicht ständig bis zur Grenze der Erschöpfung versuchen, nett zu sein und zu zeigen, wie strapazierfähig Sie sind.

Machen Sie kleine Schritte

Haben Sie sich bisher in neun von zehn Fällen zu etwas überreden lassen, was Sie eigentlich nicht wollten, dann wäre es ein unrealistisches Ziel, dieses Verhältnis nun einfach umdrehen zu wollen. Überlegen Sie lieber, wie Sie es anstellen könnten, dieses Verhältnis zunächst in 10 : 8 oder 10 : 7 zu verändern.

Wenn Ihre Befürchtungen, die Sie mit Neinsagen verbinden, besonders hoch sind, ist es sehr wichtig, kleine Schritte zu machen: Springen Sie beispielsweise nicht mehr schon vorbeugend auf, wenn Sie nur vermuten, dass jemand gleich Ihre Hilfe benötigen könnte. Stellen Sie Ihr Ohr für versteckte Appelle auf Durchzug, antworten Sie beispielsweise auf die Nachricht »Im Kopierer ist kein Paper mehr« künftig mit »Stimmt« oder »Ach ja?«, anstatt sich automatisch in Bewegung zu setzen.

Wenn Sie große Schwierigkeiten mit einer direkten Ablehnung haben oder sich überrumpelt fühlen, dann schaffen Sie sich erst einmal etwas Bedenkzeit mit einem »Ich überlege es mir«.

Neinsagen ist auch eine Übungssache. Trainieren Sie das Grenzen ziehen in vielfältigen kleinen Alltagssituationen, beispielsweise wenn der Kollege reinplatzt und etwas sagt wie: »Kannst du bitte dann dem Huber die Mappe da reinreichen? Er spricht gerade noch, da will ich ihn nicht stören.« Aber Sie kann er stören? Tja, wollen Sie nun konzentriert Ihrer Arbeit nachgehen oder auf den Kollegen Huber und sein Telefonat aufpassen? Typischer Fall für ein »Nein, du, geht nicht, ich bin gerade sehr beschäftigt.«

Bei der Kunst des Nein kommt es darauf an, wie es dem anderen vermittelt wird. Gerade als »Nein-Anfängerin« hilft es Ihnen, die Mittel der Diplomatie zu nutzen und dabei ruhig in Kauf zu nehmen, dass beispielsweise eine begründete Ablehnung im einen oder anderen Fall vielleicht wie eine Rechtfertigung oder eine Ausrede klingen kann. Das ist aber zweitrangig, denn Sie wissen ja: Es geht nicht um Perfektion, es zählt vorrangig das Ergebnis, nämlich dass andere Ihnen keine Aufgaben zuschieben. Haben Sie auch ein Auge darauf, dass eine Unterstützung, die Sie in einer bestimmten Situation gerne gegeben haben, sich nicht schleichend zur Dauereinrichtung entwickelt.

Übung: Die Kunst des Nein

Finden Sie etwas mehr über die Mechanismen der inneren Nein-Sperre heraus – was genau Sie bewegt, wenn Sie sich auf etwas einlassen, das Sie eigentlich gar nicht wollten. Erinnern Sie sich dazu an drei Situationen aus der jüngsten Vergangenheit, in denen Sie sich zu etwas überreden ließen, was Sie anschließend Zeit und Energie gekostet hat. Untersuchen Sie, wie es dazu gekommen ist, und finden Sie für jede dieser Situationen Antworten auf die folgenden Fragen:

- Welche Vorteile hatte es für mich, Ja zu sagen, obwohl ich lieber abgelehnt hätte? ....
- Welche Nachteile hatte es, Ja statt Nein gesagt zu haben? ....
- Was wäre meiner Vermutung nach geschehen, wenn ich abgelehnt hätte? ....
- Was wären die schlimmstmöglichen Folgen gewesen – und wie realistisch ist das, was ich befürchte? ....
- Gab es schon einmal eine ähnliche Situation, in der ich Nein gesagt habe – und was waren da die Folgen? ....
- Was würde ich selbst von jemand anderem denken, der in einer solchen Situation Nein sagt – hätte ich für ihn vielleicht mehr Verständnis als für mich selbst? ....

Die Antworten haben Ihnen wahrscheinlich die eine oder andere Erkenntnis beschert, beispielsweise, dass eine Ablehnung in den seltensten Fällen die katastrophalen Folgen haben wird, die Sie sich ausgemalt hatten, oder dass Sie etwa anderen leichter ein Nein zugestehen als sich selbst.

Spielen Sie die drei Situationen in Ihrer Fantasie noch einmal durch, jetzt jedoch mit einer freundlichen, aber klaren Ablehnung. Stellen Sie sich vor, wie Sie dem anderen dabei in die Augen schauen und mit fester Stimme sprechen. Begründen Sie Ihre Ablehnung kurz und zeigen Sie gegebenenfalls auch eine Alternativlösung auf. Erleben Sie in Ihrer Fantasie, wie Ihr Gegenüber Sie zu überreden versucht – mit Schmeicheleien, Enttäuscht- oder Gekränktsein – und Sie trotzdem freundlich und bestimmt bei Ihrem Nein bleiben.

Natürlich können Sie die vergangenen Situationen im Nachhinein nicht mehr »umstricken«, aber Sie haben innerlich die Alternative eines Nein für sich wahrscheinlicher gemacht. Dies können Sie nun auch im Vorfeld von Situationen anwenden, wo Sie vermuten, dass Sie wieder einmal für Zusatzaufgaben herhalten sollen.

Verfahren Sie wie gehabt: Stellen Sie sich die Situation vor, erleben Sie vor Ihrem inneren Auge, wie Sie freundlich und klar Nein sagen und auch trotz aller Beeinflussungsversuche dabei bleiben. Wenn Sie sich dann in der realen Situation befinden, wird es Ihnen leichterfallen, eine Ablehnung auszusprechen. Und: Wer Sie wirklich schätzt, nimmt Ihnen Ihr Nein weniger übel, als Sie vielleicht befürchten.

Wie Sie sich ein Nein erleichtern können

Eine Ablehnung müssen Sie nicht schroff formulieren, sondern können Sie auch so abfedern, dass Ihr Gegenüber sie leichter annehmen kann.

- Geben Sie eine nachvollziehbare Begründung für Ihre Ablehnung an, die Ihr Nein für den anderen verständlich macht, beispielsweise: »Tut mir Leid, das kann ich nicht übernehmen. Ich bin gerade selber voll ausgelastet.«
- Sagen Sie nicht »Nein!« wie aus der Pistole geschossen, sondern machen Sie eine kleine Pause vor Ihrer Absage. Damit teilen Sie indirekt mit, über das Ansinnen nachgedacht zu haben.
- Kündigen Sie es frühzeitig an, wenn Sie für eine Aufgabe, die jemand bei Ihnen »geparkt« hatte, nicht mehr zur Verfügung stehen, beispielsweise so: »Bitte formuliere die Texte für die nächsten Newsletter ab nächste Woche wieder selbst.«
- Bieten Sie – wenn es möglich ist – Alternativen an, beispielsweise: »Momentan geht es leider nicht. Bitte melden Sie sich doch gegen 15 Uhr noch mal.«
- Werden Sie immun gegenüber Schmeicheleien wie »Sie können das viel besser als ich«. Werten Sie dies als Signal: »Achtung, da soll mir etwas Unangenehmes zugeschoben werden.« Kontern Sie dies in etwa so: »Ihr Lob freut mich, danke. Trotzdem ist es mir nicht möglich.«
- Fallen Sie nicht mehr auf den Egoismus-Vorwurf herein, indem Sie klein beigeben oder zu langen Rechtfertigungen greifen. Sagen Sie nur etwas wie: »Schade, dass du das so siehst. Aber es geht trotzdem nicht.«
- Hinterfragen Sie, warum der andere meint, Ihre Unterstützung beanspruchen zu müssen, beispielsweise mit der Frage: »Weshalb denken Sie dabei an mich?«

Wenn Ihr Gegenüber sehr hartnäckig ist und Sie unbedingt weichklopfen will, nutzen Sie die gute alte »Schallplatte-mit-Sprung-Taktik«, indem Sie signalisieren, das Anliegen des anderen nachvollziehen zu können und dennoch ablehnen: »Ja, ich glaube dir, dass du jemanden brauchst, der einspringt. Ich möchte trotzdem bei meinem Nein bleiben«, »Ja, ich verstehe deinen Standpunkt. Trotzdem: Nein.« Dies wiederholen Sie dann einfach so lange, bis die Botschaft angekommen ist.

Kurz-Check für Anliegen

Lernen Sie schnell zu unterscheiden, wer Ihre Unterstützung wirklich braucht und wer sich nur auf Ihre Kosten von lästigen Aufgaben befreien will. Stellen Sie sich dazu bei Anliegen, die an Sie herangetragen werden, die folgenden Fragen:

- Wieso macht er es nicht selbst? Was steht dem im Weg?
- Würde ich selbst das jemand anderem antragen?
- Was würde ich selbst – wenn ich der andere wäre – in dieser Situation tun?
- Handelt es sich um einen akuten Engpass, eine plötzliche Klemme?
- Bin ich hier überhaupt die richtige Ansprechpartnerin?
- Wie zeitaufwändig ist das Ganze? Was genau ist zu tun? Wann und wie lange?
- Wenn ich Ja sagen würde: Wie zeigt sich der andere dafür erkenntlich? Könnte er mir vielleicht seinerseits etwas abnehmen?
- Auf Kosten welches anderen Vorhabens ginge ein Ja? Was ist mir wichtiger?

Prüfen Sie Hilfsanfragen genau und bitten Sie im Zweifel um Bedenkzeit. Zeigen Sie Verständnis für das Anliegen, legen Sie sich aber nicht sofort fest, sondern wägen Sie in Ruhe ab.

Sich gut abzugrenzen ist insbesondere dann nicht einfach, wenn das Ansinnen überraschend kommt oder wenn es sich um nahestehende Personen handelt, für deren Wohl Sie sich (mit-)verantwortlich fühlen. Gehen Sie es trotzdem an. Es mag im Moment schwierig erscheinen, ist aber auf lange Sicht gesehen besser. Versuchen Sie auch, möglichst für jede Aufgabe, die Sie neu übernehmen, eine andere abzugeben. »Ja, das könnte ich tun – dafür bräuchte ich aber Entlastung bei …«, »Wenn ich hier für Sie einspringe, könnten Sie dann im Gegenzug …?« Auch dies wirkt Überlastung entgegen.

Und noch etwas Wichtiges: Spenden Sie sich selbst ausdrücklich jedes Mal Anerkennung, wenn es Ihnen gelungen ist, das automatische »Ja« zu stoppen und stattdessen zu entscheiden, ob Sie lieber ablehnen beziehungsweise unter welchen Bedingungen Sie zusagen könnten.

Soforthilfe: So setze ich Grenzen

Erleichtern Sie sich das Setzen von Grenzen, indem Sie sich auf einige wenige Punkte konzentrieren. Notieren Sie zu jedem der folgenden Aspekte jetzt nur zwei oder maximal drei Stichwörter beziehungsweise Vorhaben. An diese werden Sie sich erinnern, wenn es darauf ankommt. Oder führen Sie dazu eine Weile einen »Spickzettel« mit sich, vielleicht tatsächlich eine kleine Karteikarte, auf die Sie dies übertragen:

- Für welche Anliegen und Aufgaben will ich künftig weniger oder gar nicht mehr zur Verfügung stehen?
- Was hilft mir, konsequent zu bleiben, auch wenn andere auf mein Nein ablehnend, verärgert oder beleidigt reagieren?

- Welche der Strategien, die ein Nein erleichtern, setze ich künftig in welcher Situation konkret ein?
- Wo kann ich einen »Tauschhandel« vereinbaren, das heißt für ein Ja zu einem Ansinnen etwas anderes abgeben?

4. Noch weniger ist noch mehr: Delegieren und Ballast abwerfen

Wenn Sie konsequent Nein sagen lernen, um sich keine zusätzlichen neuen Verpflichtungen aufbürden zu lassen, erreichen Sie schon viel für sich. Zum einen erfahren Sie eine spürbare Entlastung, zum anderen tut es auch dem Selbstwertgefühl gut, sich nicht mehr für alles und jedes automatisch zur Verfügung zu stellen.

Jetzt, wo Sie schon etwas Übung im Formulieren von Ablehnungen haben, merken Sie auch, dass der innere Druck und das schlechte Gewissen allmählich nachlassen und sich stattdessen das Gefühl ausbreitet, dass es im Grunde ganz selbstverständlich ist, selbst zu entscheiden, ob Sie etwas zusagen oder ablehnen.

Doch Sie können noch mehr für sich tun. Nehmen Sie Ihre Aufgaben kritisch unter die Lupe. Nicht alles, was zu Ihrem gewohnten Pflichtenkatalog gehört, muss unbedingt sein – und wenn es denn sein muss, ist es vielleicht nichts, wofür unbedingt Sie zuständig bleiben müssen.

Entlasten Sie sich von Verpflichtungen

Vielleicht scheuen Sie wie viele Frauen trotz hoher Arbeitsbelastung davor zurück, Aufgaben anderen zu übertragen, paradoxerweise oft gerade dann, wenn viel zu tun ist. »Bis ich das erklärt oder arrangiert habe, habe ich das doch längst selber erledigt«, ist hier ein häufiges Argument, im Job ebenso wie zu Hause. Also machen Sie es lieber selbst – obwohl es noch wichtigere Aufgaben gibt, die auch erledigt werden sollten, oder Sie eigentlich schon todmüde sind und dringend etwas Erholung bräuchten.

»Augen zu und durch« ist keine gute Lösung, das sehen Sie durch Ihre Langfrist-Brille auf einen Blick. Einen Teil der Aufgaben zu delegieren ist der richtige Weg. Warum fällt es aber oft so schwer, dies anzugehen? Hinter dem Bestreben, alles selber machen zu wollen, stehen ganz unterschiedliche Motive. Vielleicht möchten Sie damit

- Ihre Unentbehrlichkeit unter Beweis stellen?
- sich selbst beweisen, wie tüchtig Sie sind?
- anderen beweisen, wie leistungsfähig Sie sind?
- unliebsamen Diskussionen aus dem Weg gehen?
- nicht riskieren, dass jemand sauer auf Sie ist?
- bei niemandem in der Schuld stehen?
- vermeiden, dass jemand anderer Ihre Lorbeeren erntet?
- keine Zeit mit langen Erläuterungen verlieren?
- sicher gehen, dass die Aufgabe tatsächlich beziehungsweise gut genug erledigt wird?

Mag ja sein, dass es an Ihrem Selbstbild kratzt, Unterstützung anzufordern. Oder dass es Sie nervt, mit Ihrem Partner oder den Kindern wieder mal über die Erledigung von Haushaltskram zu diskutieren. Oder Sie befürchten, der andere könnte schludrig arbeiten oder etwas falsch machen. Mangelndes Vertrauen ist oft ein gewichtiges Argument dafür, Aufgaben nicht an andere zu übertragen. Dennoch tun Sie sich nichts Gutes, wenn Sie am Anspruch festhalten, alles selber machen zu wollen, denn dies geht auf Kosten Ihrer Freizeit und Erholung. Zudem fangen irgendwann auch Unzufriedenheit und Groll an, am psychischen Immunsystem zu nagen: Dass immer Sie ran sollen, während die anderen sich schöneren Dingen widmen können, das kann's doch nicht sein, oder?

Und die Aussicht, dass das auch so weiterlaufen wird, ist auch nicht gerade ein Gute-Laune-Macher. Gedanken wie »Aber meine Kollegen sollten doch erkennen ...« oder »Wenn meinem Partner an mir liegt, dann muss er doch ...« bringen Ihnen gar nichts. Warten Sie nicht darauf, dass andere aus bloßer Einsicht heraus aktiv werden und Ihnen ihre Unterstützung anbieten. In den allerseltensten Fällen ist es Böswilligkeit, dass andere nicht automatisch mit anpacken und Sie entlasten. Meist sind hier nur Gedankenlosigkeit und Bequemlichkeit im Spiel. Wenn sich etwas ändern soll, müssen *Sie* etwas ändern. Aufgaben abzugeben bringt Ihnen auf Dauer gesehen mehr Vorteile als weiterhin alles selber in die Hand nehmen zu wollen.

Delegieren ...

... bedeutet, dem anderen etwas zuzutrauen und damit Wertschätzung auszudrücken.
... entlastet Sie und gibt Ihnen Zeit dafür, sich wesentlicheren Aufgaben zuzuwenden.
... hilft, die Selbstständigkeit und Kompetenz Ihrer Kinder zu fördern und zu stärken.
... fordert Sie dazu heraus, mit anderen Menschen zu kooperieren und zu verhandeln; damit stärken Sie Ihre soziale Kompetenz.
... stärkt Ihre Effektivität. Sie umfasst dann nicht mehr nur die Dinge, die Sie selbst erledigen, sondern auch das, was Sie durch andere bearbeiten lassen.
... hilft Ihnen dabei, Ihren Alltag zu vereinfachen und Zeit für Ihre Erholung zu gewinnen.

Je häufiger und konsequenter Sie Verantwortlichkeiten an andere übertragen, desto rascher können Sie die Rolle eines »Mädchen für alles« ablegen und sich auf die Dinge konzentrieren, die Ihnen selbst wichtig sind. Für das erfolgreiche Delegieren müssen nur zwei Voraussetzungen erfüllt sein:

- Sie müssen dazu bereit sein: delegieren *wollen*.
  Dies bedeutet, sich mit Ihren inneren Vorbehalten auseinanderzusetzen und sich klar zu machen, wo Ihre Prioritäten liegen.
- Sie müssen die Möglichkeit dazu haben: delegieren *können*.
  Das heißt, dass es Menschen in Ihrer Umgebung – im Job und zu Hause – gibt, die Aufgaben an Ihrer Stelle übernehmen.

Übung: Bestandsaufnahme für gezieltes Delegieren

Machen Sie eine Bestandsaufnahme: Welche Tätigkeiten fallen immer wieder an? Heben Sie jene hervor, deren Erledigung eigentlich nicht allein Ihre Sache sein, sondern auf mehrere Schultern verteilt sein sollte, und überprüfen Sie mit dieser Maßgabe Ihren Alltag kritisch:

- Welche Routinetätigkeiten, die eigentlich von anderen zu tun sind und mich nur Zeit und Nerven kosten, erledige stets ich?..........................
- Was habe ich privat und beruflich vor allem deswegen übernommen, weil dies für andere bequemer ist?..
- Was tue ich nur »um des Friedens willen« – weil ich Unfrieden und Konflikte vermeiden will? ....
- In welchen Bereichen wünsche ich mir Entlastung und eine gerechtere Aufteilung von Tätigkeiten?..

Stufen Sie dann diese Aufgaben, für die Sie neue Lösungen finden wollen, danach ab, wie leicht beziehungsweise wie schwer es Ihnen fallen wird, hier etwas zu verändern. Richten Sie sich dabei ganz nach Ihrem Gefühl. Ganz oben stehen die Dinge, die Sie relativ problemlos delegieren können, zu denen Sie vielleicht auch schon wissen, was Sie ohne Aufwand an wen abgeben könnten. Und ganz unten steht das, wo Sie im Fall des Delegieren-Wollens noch keine Möglichkeiten sehen, große Vorbehalte haben oder starke Widerstände bei denen vermuten, an die Sie Aufgaben übertragen wollen. Dann arbeiten Sie sich von »leicht« nach »schwer« durch Ihre Liste durch.

Dazu ist es wieder hilfreich, jeweils vorher das entsprechende Gespräch, das Sie führen wollen, in Gedanken durchzuspielen. Legen Sie für sich selbst fest, was für Sie eine gute Lösung wäre, wo Sie bereit wären, Zugeständnisse zu machen oder Zwischenlösungen zu akzeptieren, und an welchem Punkt Sie keine Kompromisse machen werden. Denken Sie dabei an Ihre Entlastung und die dadurch gewonnene Zeit für Entspannung und Erholung. In einer stillen Stunde können Sie Ihr Anliegen auch einmal laut formulieren. Tun Sie dies mit aufrechtem Rücken, festem Blick, freundlich und betont sachlich. Achten Sie darauf, dass Ihre Stimme nicht vorwurfsvoll oder halbherzig klingt. Spielen Sie das ein paar Mal durch und nehmen Sie dabei auch mögliche Einwände vorweg. Erleben Sie sich, wie Sie ganz ruhig und lösungsorientiert bei Ihrem Standpunkt bleiben, diese Aufgabe ganz oder zumindest teilweise zu delegieren.

In der »Live-Situation« werden Sie dann wesentlich souveräner erklären können, was Sie sich wünschen und was zu tun ist. Konzentrieren Sie sich darauf, herauszufinden, ob der andere – Ihre Kollegin, Ihr Partner, Ihr Kind – Sie richtig verstanden hat. Hilfreich für das Delegieren von Aufgaben ist es auch, einen klaren Rahmen zu setzen:

Die Top Five des Delegierens

Kommen Sie demjenigen, dem Sie eine Aufgabe übertragen, damit entgegen, dass Sie klar beschreiben,

- was zu tun ist: Sie erklären die Aufgabe;
- wie es getan werden soll: Sie sagen, welches Ergebnis Sie erwarten;
- weshalb sie/er es tun soll: Sie erläutern Zuständigkeit, gerechte Arbeitsaufteilung et cetera;
- wofür es notwendig ist: Sie zeigen die Vorteile auf, den Beitrag zu einem übergeordneten Ziel et cetera;
- bis wann es abgeschlossen sein soll: Sie setzen den Termin.

Formulieren Sie Ihr Delegationsanliegen so verständlich und nachvollziehbar wie möglich.

Machen Sie sich klar: Ein gutes Zeitmanagement funktioniert nur, wenn Sie Aufgaben weitergeben und auch Verantwortung abgeben können. Wenn Sie alles selbst managen wollen, werden Sie nie fertig. Wenn Sie schon gut eingeübt haben, Nein zu zusätzlichen Aufgaben zu sagen und mit Einwänden und Gegenwind umzugehen wissen (siehe Seite 100), hilft Ihnen dies dabei, mit abwehrenden Reaktionen beim Delegieren zurecht zu kommen. Denn diese kommen ganz bestimmt. Niemand ist begeistert, wenn »Hotel Mama« plötzlich geschlossen hat und Sie stattdessen eine Wir-Philosophie etablieren wollen: »*Wir* leben alle in diesem Haus und *jeder* von uns trägt dazu bei, dass die häuslichen Aufgaben erledigt werden, damit wir uns *alle* hier wohlfühlen können.«

Sich umgewöhnen braucht Zeit

Natürlich, so ist es gut und so ist es gerecht, doch diejenigen, die sich nun mehr engagieren sollen, werden das wahrscheinlich nicht so ohne Weiteres und auch nicht gerne tun. Es ist gewöhnungsbedürftig. Wer daran gewöhnt ist, dass Kochen, Putzen, Waschen, Bügeln für ihn erledigt werden, der muss sich erst einmal mit den neuen Verhältnissen arrangieren. Wer gewohnt ist, zur Klavierstunde gefahren zu werden, muss sich ans Busfahren gewöhnen. Für wen es selbstverständlich war, sich immer nur an den gedeckten Tisch zu setzen, der muss sich daran gewöhnen, nun jeden zweiten Tag selbst für das Menü zuständig zu sein. Sie riskieren also Unmut, schlechte Laune und Widerwillen bei Ihren Lieben, auch wenn Sie klar und einleuchtend argumentieren.

Der Gegenwind bringt uns häufig dazu, resigniert aufzugeben und wieder in die alten Muster zurückzufallen – das kennen Sie schon aus Ihren Bemühungen, Aufgaben, die andere Ihnen zusätzlich aufbürden wollen, abzuwehren (siehe Seite 100). Bevor Ihr Lebenspartner verschnupft reagiert, übernehmen Sie dann doch wieder das Aufräumen. Bevor der Sohn misslaunig herumquengelt, erlassen Sie ihm doch wieder die Haushaltspflichten. Der Preis dafür, Aufgaben gerechter aufzuteilen, erscheint Ihnen zu hoch, und so machen sie dann weiter wie bisher.

Es ist aber ein fauler Friede, der mit Stillhalten und resignierter Hinnahme erkauft wird. Sie kommen nicht drum herum, die Reaktionen anderer Menschen auszuhalten, wenn Sie etwas verändern wollen. Nun gilt es auszuhalten, dass man sich über Sie ärgert oder Sie nicht mehr als diejenige gelten, die alles schafft.

Wenn Sie jetzt klein beigeben, fällt es Ihnen beim nächsten Anlauf schwerer. Wenn Sie hingegen die Unmutsphase durchstehen, wird es zunehmend einfacher werden, andere an der Erledigung von Aufgaben zu beteiligen.

Seien Sie großzügig

Lassen Sie sich helfen und fordern Sie dies auch ein – aber zeigen Sie dabei Geduld und Toleranz. Wenn also beispielsweise Ihr Sohn die Ablagen in der Küche reinigt oder Ihr Partner die Bügelwäsche übernimmt, fällt das Ergebnis vielleicht weniger gut aus, als wenn Sie diese Aufgaben selbst durchgeführt hätten. Bitte verkneifen Sie sich Kritik und Nachbessern – sonst sind Sie Ihre Unterstützung schnell wieder los. Selbst wenn etwas nicht so erledigt ist, wie es Ihrem Standard entspricht, ist dies immer noch besser, als bliebe es unerledigt! Delegieren wird Ihnen umso leichter fallen, je besser Sie bereits perfektionistische Ansprüche loslassen konnten (siehe Seite 87). Dann tun Sie sich auch leichter damit, es zu akzeptieren, wenn andere etwas nicht so erledigen, wie Sie es sich vorgestellt hatten. Drücken Sie vielmehr Ihre Freude darüber aus, dass der andere mitmacht und hilft, Sie zu entlasten. Das hat Vorrang vor der Qualität. Denken Sie auch an ungewöhnliche Lösungen: Was spricht beispielsweise dagegen, sich ein zweites Bügelbrett und ein zweites Bügeleisen anzuschaffen und die Bügelarbeiten künftig gemeinsam zu erledigen? Oder auf die Hilfe Dritter zurückzugreifen, also nicht nur an Familienmitglieder zu delegieren, sondern auch professionelle Dienste in Anspruch zu nehmen, wie beispielsweise eine Raumpflegerin für die Böden, Fenster und Ablagen oder die Gartenpflege einem Gärtner anzuvertrauen?

Schaffen Sie arbeits- und pflegeintensive sowie überflüssige Gerätschaften ab

Machen Sie es sich selbst und Ihrer Familie leichter, indem Sie kleine Ärgerquellen ausräumen. Stress setzt sich aus tausend Kleinigkeiten zusammen. Dazu gehören auch Dinge, die Aufwand produzieren, die nicht gut funktionieren, über die man sich häufig ärgert und um die man sich ständig kümmern muss. Sie können im Alltag an vielen kleinen Punkten ansetzen und für Entlastung sorgen, indem Sie die täglichen Abläufe unter die Lupe nehmen.

Fragen Sie sich: Sind die Dinge, die Sie häufig gebrauchen, zweckmäßig untergebracht und gut zugänglich? Überlegen Sie dabei, welche Gegenstände und Gerätschaften Sie tatsächlich häufig in Gebrauch haben und was einfach nur verwahrt wird. Dies können Sie am besten überprüfen, wenn Sie jeweils alles aus einem Schrank oder Regal herausnehmen und sich dann fragen:

- (Ge-)brauche ich es noch? Wenn ja, wie häufig?
- Funktioniert das noch gut?
- Liegt mir noch etwas daran? Was genau?
- Hat es irgendetwas mit meinen persönlichen Prioritätensetzungen zu tun?

Je mehr Sie sich von Dingen befreien, die nur verwahrt werden und keinen echten Nutzen bieten, desto mehr Platz haben Sie für die Dinge, die Sie häufig in Gebrauch haben, und desto ergonomischer können Sie Ihre Umgebung gestalten. Hausrat, der sich angesammelt hat, loszulassen, fällt oft nicht leicht und geht vielleicht nur schrittweise. Aber nehmen Sie sich dennoch die Zeit, Ihre Wohnung und Ihren Arbeitsplatz zu inspizieren und zu überlegen, was verzichtbar ist. Für Zögerer kann eine »Trennung auf Probe« die Lösung sein: verpacken Sie potenzielle Verschenk- und Entsorgungskandidaten in eine Kiste und stellen Sie sie auf den Speicher. Wenn Sie dann nach einiger Zeit feststellen, dass Sie nichts aus der Kiste vermissen, dann fällt es leichter, sich endgültig davon zu trennen.

Werfen Sie Ballast ab – räumlich und emotional

Das systematische Sich-Entlasten ist wichtig: Wenn Sie viel Platz haben und die Dinge, mit denen Sie häufig zu tun haben einfach zu handhaben sind, fällt es Ihnen leichter, souverän und gelassen zu sein, als wenn Sie ständig

Checkliste: Delegieren und Entlasten

- Wofür will ich künftig nicht mehr oder nicht mehr allein zuständig sein?
- An wen werde ich welche Aufgabe delegieren?
- Wen werde ich jeweils ansprechen, mich zu unterstützen?
- Was hilft mir, konsequent zu bleiben, auch wenn andere auf mein Ansinnen ablehnend, verärgert oder beleidigt reagieren?
- Von folgenden Dingen trenne ich mich sofort: …
- Mittelfristig trenne ich mich von folgenden Dingen: …

von einem Sammelsurium an Sachen umgeben sind. Ihre Umgebung hat einen Einfluss darauf, ob Sie sich wohl und entspannt oder angespannt, überfordert und erdrückt fühlen. Ein einfacher Beitrag dazu, Burnout zu vermeiden, ist daher, mit möglichst wenig Unnötigem und Unwichtigem durchs Leben zu gehen.

Gewöhnen Sie sich an, sich schon beim Einkauf zu fragen: Brauche ich das wirklich? Ist es leicht zu pflegen, leicht zu handhaben? Werde ich längerfristig einen Nutzen oder Freude daran haben? Denken Sie auch hier daran, sich Ihre Prioritäten ins Gedächtnis zu rufen.

5. Den Akku aufladen: Sammeln Sie neue Kräfte

Bei den bisherigen Strategien ging es darum, sich Freiräume zu schaffen. Diese werden Sie natürlich nicht dazu nutzen, sich wieder mit allen möglichen neuen Aufgaben einzudecken. Nun können Sie diese Zeit für sich selbst gestalten: Sie können sich entspannen, regenerieren und der Lebensfreude Raum geben.

Wenn Sie, wie viele Frauen, über ein ausgeprägtes Pflichtbewusstsein und Verantwortungsgefühl verfügen, haben Sie aber wahrscheinlich verlernt, Dinge einfach um ihrer selbst willen zu tun – sie nur deswegen zu tun, weil sie Spaß machen, Ihnen guttun und Sie sich dabei wohlfühlen. Und obwohl Sie wissen, dass Ihre Gesundheit und Erholung natürlich wichtig sind, haben Sie wahrscheinlich häufig gezaudert, dieses Wissen in die Tat umzusetzen. Da melden sich schnell Bedenken und Einwände, so ein nagendes »Aber ich kann doch nicht einfach …«, »Aber ich sollte doch eigentlich …« Woher kommt das?

Freizeit heißt, dass Sie frei haben

Treibt auch Sie das Nützlichkeitsdenken um? Zeit muss nützlich verbracht werden! Diesem Diktat haben die meisten von uns schon sehr früh gelernt zu gehorchen. Es führt dazu, auch in der Freizeit, in der wir eigentlich ganz unbeschwert und entspannt »die Seele baumeln« lassen könnten, meinen, »nützliche« Erwägungen voranstellen zu müssen. Andernfalls droht das schlechte Gewissen, weil wir Zeit »verschwenden« und uns dafür kein Recht zugestehen. Vielfach wird Freizeit als Gelegenheit betrachtet, all das aufzuarbeiten, wozu man sonst nicht kommt. Natürlich spricht nichts dagegen, in der Freizeit im Garten herumzuwerkeln, einem Möbelstück ein neues Outfit zu verpassen oder ein Album für die Fotos aus dem letzten Urlaub anzulegen – der bedeutsame Unterschied ist dieses: Wenn das Aktivitäten sind, auf die Sie sich freuen und die Sie gerne tun, tragen sie zu Ihrer Entspannung und Ihrem Wohlbefinden bei. Ist Ihr Tun aber nur eine Fortsetzung des innerlichen Diktats »Ich muss…«, dann raubt es Ihnen Kraft, statt Ihnen neue zu geben. Sie fühlen sich umso mehr wie in einer nicht enden wollenden Tretmühle.

Der Zwang, ständig beschäftigt zu sein und etwas Nützliches zu tun, verhindert oft Erholung. Eine solche Einstellung lässt sich nicht von heute auf morgen völlig verändern, doch Schritt für Schritt können wir wieder zu einer Lebensweise kommen, die unseren Energielevel auf einem guten Stand hält. Dazu gehört, dass wir gezielt Abstand zur Arbeit schaffen und uns der Grundlagen für unsere Erholung wieder bewusst werden: häufige Entspannung, erholsamer Schlaf, regelmäßige und gesunde Ernährung sowie ausreichend Bewegung.

Die Arbeit loslassen

Um mental Abstand zum Arbeitstag schaffen zu können, ist es hilfreich, das Arbeitsende bewusst mit einem kleinen Ritual zu bekräftigen: die Fenster öffnen und durchlüften, konzentriert alle Arbeitsutensilien aufräumen oder einen abschließenden Rundgang durch den Raum machen. Pflegen Sie Ihr Ritual jeden Tag: immer wieder genau der gleiche Ablauf für diese kleine Gewohnheit in ausdrücklicher Verbindung mit dem Abschluss des Arbeitstags. Indem Sie dabei etwas zu sich selbst sagen wie »Nun ist Schluss für heute. Ich habe viel geschafft und jetzt habe ich frei« unterstreichen Sie es, den Arbeitstag mental ausklingen zu lassen und sich auf die Freizeit einzustimmen. Verzagen Sie nicht, wenn dies nicht gleich auf Anhieb funktioniert; es braucht einige Zeit bewussten Trainings, sich dieses »Umschalten« anzugewöhnen, bis es tatsächlich funktioniert. Rechnen Sie also damit, dass Ihnen zunächst immer wieder Dinge in den Sinn kommen werden, die Sie »eigentlich noch schnell tun könnten« – auch wenn Sie das für Sie stimmige »Umschalt-Ritual« gefunden haben und regelmäßig anwenden. Ärgern Sie sich darüber nicht, bleiben Sie geduldig mit sich selbst. Sagen Sie sich etwas wie: »Ach ja, da ist ein Gedanke an Arbeit ... okay ... ich lasse ihn vorüberziehen, denn jetzt habe ich frei.« Wichtig sind hier Beharrlichkeit und Konsequenz darin, die Freizeit nicht länger in den Dienst von Arbeit und »Nützlichkeit« zu stellen, sondern in dieser Zeit bewusst Entspannung und Wohlbefinden an die erste Stelle zu setzen.

Was will Ihr Körper Ihnen sagen?

Was unserem Wohlbefinden guttut, gibt uns unser Körper meist deutlich zu verstehen, nur haben wir es oft regelrecht verlernt, auf die entsprechenden Zeichen zu achten. Während wir aber bei unserem Notebook die Anzeige »Achtung, Sie arbeiten jetzt im Reservemodus« ernst nehmen und sofort die nächste Steckdose aufsuchen, um den Akku neu aufzuladen, übergehen wir unsere körperlichen Signale manchmal leichtfertig. So gönnen wir unserem Körper zu wenig Schlaf, lassen Pausen ausfallen, ignorieren Hunger und Durst, sind vielleicht schon seit Längerem unausgeschlafen und kleben auf unserem Stuhl fest, statt für etwas Bewegung zwischendurch zu sorgen. Und anschließend ärgern wir uns darüber, dass es uns nicht gut geht, dass der Tag anstrengend ist und die Stimmung zwischen gereizt und deprimiert hin- und herschwankt. Vielleicht empfinden wir körperliche Bedürfnisse dann sogar nur als lästige Ablenkungen, die wichtige Arbeitsgänge unterbrechen.

Es scheint zunächst ja auch zu klappen, Signale einfach zu übergehen. Der Körper schüttet dann die entsprechenden Botenstoffe aus, die die Belastung kompensieren – also können wir ohne Pause weiter aktiv sein. Dauerhaft funktioniert dies aber nicht. Je länger wir dem Körper die Befriedigung seiner Bedürfnisse vorenthalten, desto länger braucht es dann, nach einer Pause wieder gut in die Gänge zu kommen. Wenn wir immer wieder längere Zeit im Reservemodus arbeiten, nimmt der Körper uns das übel: Verspannungen können chronisch und unser Magen kann regelrecht »sauer« werden, häufige Kopfschmerzen können uns den Schlaf rauben und die Infektionsanfälligkeit kann zunehmen.

Entspannung: Die kleinen Erholungsinseln

Wenn wir auf Signale des Körpers achten und auch tagsüber nach Phasen der Anspannung für Entspannung sorgen, treten viele Probleme gar nicht erst auf. Wer auf seinen Körper hört, weiß oft auch, was die Psyche sagen will.

Verschiedenen Untersuchungen zufolge verlangt unser Körper nach etwa 90 Minuten Aktivität nach einer Pause, um sich erholen zu können. Indizien dafür sind

- ein verstärkter Drang zum Gähnen oder Seufzen,
- häufiges Abschweifen der Gedanken, Abnahme der Konzentration,
- Kribbeln in den Gliedmaßen,
- das Verlangen, sich zu recken oder die Muskeln zu lockern,
- Durst oder auch Appetit auf einen Imbiss,
- das Bedürfnis, zur Toilette zu gehen.

Kommen Sie Ihren individuellen Pausensignalen auf die Spur.

Übung: »Mach mal Pause«-Signale

Halten Sie öfters am Tag – wenn es gerade günstig ist, beispielsweise wenn Sie einen Teil einer Aufgabe abgeschlossen haben – für einen Moment inne und fragen Sie sich:

- Wie geht es mir gerade? Bin ich noch fit oder nehme ich Anzeichen wahr, dass ich eine kleine Auszeit brauche?
- Was brauche ich gerade?
- Was sagt mir mein Körper? Wonach ist mir? Welche Bedürfnisse habe ich? Möchte ich mich bewegen, etwas essen oder trinken, mich entspannen?

Und dann gehen Sie dem nach.

Alle eineinhalb Stunden sollten Sie sich für 10 bis 15 Minuten Gelegenheit geben, loszulassen und zu entspannen. Dazu ist es wichtig, dass Sie

- Ihre Gedanken von der Arbeit lösen,
- gezielt Hals und Schulterbereich lockern, vielleicht auch dazu ein paar Mal herzhaft gähnen und sich räkeln und strecken,
- Ihre Körperhaltung verändern und für etwas Bewegung sorgen,
- etwas trinken, am besten Wasser,
- natürliches Licht erleben, also aus dem Fenster in die Weite schauen, den Blick ins Grüne richten,
- für leichte, aber nährstoffreiche Pausensnacks sorgen.

Wichtig ist, sich diese kleinen Auszeiten für sich selbst wirklich jeden Tag zu nehmen, auch wenn es vielleicht anfangs etwas gewöhnungsbedürftig ist. Sie meinen, dazu gar keine Zeit zu haben? Werfen Sie den Vorschlag dennoch nicht gleich über Bord. Sondern geben Sie sich beziehungsweise den kleinen Auszeiten eine Chance, sozusagen eine Probezeit – wie es Annika macht (siehe Seite 43): Sie hielt es ebenfalls für ausgeschlossen, dass in ihren mit Pflichten und Terminen überfüllten Alltag noch Pausen hineinpassen könnten. Dann rang sie sich aber doch durch, es einmal eine Woche lang auszuprobieren. Zwar konnte sie es von ihren Abläufen nicht einplanen, sich zusätzlich zu ihrer Mittagspause alle eineinhalb Stunden eine solche kleine Auszeit zu nehmen, aber es gelang ihr, jeden Tag zwei Pausen zu je zehn Minuten einzurichten. Und jetzt bleibt sie dabei, denn: »Ich habe festgestellt, dass ich dadurch nicht mit meinen Aufgaben in Verzug komme. Das konnte ich am Anfang gar nicht glauben, aber es ist tatsächlich so. Nach so einer Pause fühle ich mich entspannter und leistungsfähiger, ich kann auch wieder mehr lachen und dieses fiebrige Gefühl, was ich immer kriege, wenn ich unter Druck stehe, das wird weniger.«

Unter dem Nützlichkeitsdiktat glauben wir, keine Berechtigung dafür zu haben, uns solche kleinen Erholungsinseln zu gönnen. Hier ist es hilfreich, sich dies ausdrücklich selbst zu gestatten, etwa so: *»Ich spüre jetzt, dass es mir zu viel wird und ich erlaube mir eine Erholungspause.«* Finden Sie heraus, was Sie gerade brauchen und wie Sie in Ihren Pausen am besten neue Kraft schöpfen können. Probieren Sie Verschiedenes aus: tiefe Atemzüge am geöffneten Fenster, lockere Gymnastik, einen saftigen Apfel essen, eine Entspannungsübung …

Wer über längere Zeit hinweg immer durchgepowert hat, muss anfangs die kleinen Auszeiten bewusst planen, bis sie als neue Gewohnheit verinnerlicht sind.

Annika hat sich beispielsweise einen Urlaubsschnappschuss von sich selbst an die Wand gepinnt, wo sie sich gemütlich in einer Hängematte räkelt. Das Foto erinnert sie daran, Auszeiten einzulegen. Bei Helene (siehe Seite 48) ist es ein Badeentchen, das neben ihrer Liste mit den Top Five des Tages Platz findet. Ruth (siehe Seite 45), die sich ihre Arbeit selbst organisieren kann, legt innerhalb ihrer Top Five des Tages sinnvolle Teiletappen fest und lässt nach Abschluss jeder Etappe eine Entspannungsphase folgen.

Finden Sie Ihren individuellen Weg für sich selbst, Ihre Pausen fest in den Tagesablauf zu integrieren.

Schaffen Sie sich auch kleine Wohlfühlinseln nach Feierabend, um alltägliche Routinen aufzulockern. Und schaffen Sie sich auch zu Hause ein optisch und akustisch ruhiges Plätzchen, das Sie einlädt, innerlich zur Ruhe zu kommen. Vielleicht einen bequemen Lieblingssessel, wo Sie auch die Beine hochlegen können, an der Wand ein Bild, das für Sie Freiheit und Weite, Geborgenheit oder eine andere Qualität ausdrückt, die für Sie wichtig ist. In dieser Ruheoase können Sie gut Abstand zur Arbeit gewinnen. Probieren Sie dort doch auch einmal die nachfolgende Übung aus:

Übung: Entspannung in der Vorstellung

Sorgen Sie dafür, ungestört zu sein, und machen Sie es sich bequem. Schließen Sie die Augen und stellen Sie sich vor, Sie wären an einem Sandstrand in einer malerischen Bucht am Meer. Sie fühlen die Sonne auf der Haut und hören das sanfte, rhythmische Rollen der Wellen. Von fern dringt das Rufen der Seevögel an Ihr Ohr. Ein leichter Wind trägt den Duft von wilden Kräutern heran. Sie sind ganz entspannt, spüren den warmen Sand zwischen Ihren Zehen und betrachten das Spiel der Wellen. Ihre Gedanken schweben davon. Sie sind ganz erfüllt von Ruhe und Harmonie.

Öffnen Sie dann die Augen wieder. Haben Sie sich entspannen können, obgleich Sie sich die Szene nur *vorgestellt* haben? Was passierte mit Ihrem Atem und mit Ihrer Muskulatur?

Neben der bewussten Entspannung gibt es noch drei weitere einfache Faktoren, die unsere persönliche Energie stärken helfen:

- eine regelmäßige und überwiegend gesunde Ernährung,
- genügend Bewegung und
- ausreichender und erholsamer Schlaf.

Natürlich ist dies allgemein bekannt, aber: Haben Sie diese Faktoren im letzen halben Jahr so konsequent berücksichtigt, wie es Ihnen gut getan hätte?

Solide Grundlagen neu schaffen

Wenn wir uns nicht wohlfühlen, suchen wir meist als erstes nach psychischen Belastungen und machen uns Gedanken über unsere ungelösten Probleme. Vielleicht beginnen wir auch damit, an blockierenden Überzeugungen zu arbeiten, damit wir unsere Probleme besser lösen können – das ist sicher nicht verkehrt. Doch wenn Sie chronisch übermüdet sind, können Sie so intensiv, wie Sie wollen, an Ihren Überzeugungen arbeiten, die Müdigkeit geht davon nicht weg.

Stellen Sie also die Grundlagen für Ihr Wohlbefinden sicher. Sehen Sie die sorgsame Befriedigung Ihrer grundlegenden Bedürfnisse nicht länger als Zeitverschwendung an, sondern als eine wertvolle Ressource für Ihre Gesundheit, Ihre Schaffenskraft und Ihre Lebensfreude.

Meistens können wir hier sofort etwas verändern. Oft ist schon hilfreich, einfach frühzeitiger schlafen zu gehen, auf regelmäßige Mahlzeiten zu achten, beim Essen sparsamer mit Süßigkeiten, Salzigem und Fettem umzugehen, öfters mal die Treppe hochzulaufen, statt auf den Aufzug zu warten, und abends flotten Schrittes eine Runde um den Block zu laufen.

Häufige Entspannung, gesunde Ernährung, ausreichend Bewegung, erholsamer Schlaf. Darauf zu achten ist gerade dann besonders wichtig, wenn wir einen anstrengenden Alltag mit vielen unterschiedlichen Herausforderungen zu meistern haben.

Gesunde Ernährung

Es gibt keine spezielle »Anti-Burnout-Diät«. Es geht schlicht darum, im Alltag darauf zu achten, dass der Körper mit allem versorgt wird, was er benötigt, um Ihnen die Energie zur Verfügung stellen zu können, die Sie brauchen. Keine Mahlzeit ausfallen lassen und auf leichte Kost achten, die den Körper nicht belastet, das ist die Maxime.

Gesunde Ernährung braucht nicht kompliziert, aufwändig oder umständlich zuzubereiten sein. Im Prinzip wissen wir ja, dass viel frisches Obst und Gemüse, Vollkornprodukte und Nüsse gut für uns sind, während wir mit fettem Fleisch, Wurst, Gebäck und Süßigkeiten sparsam umgehen sollten, und dass wir täglich etwa zwei Liter Flüssigkeit zu uns nehmen sollten, am besten in Form von Wasser, Tee oder Saftschorlen. Weglassen oder stark einschränken sollten Sie alles, was Sie müde, unkonzentriert und schlapp werden lässt, und das sind eben vor allem sehr fettige oder sehr zuckerhaltige Speisen.

Ebenso wichtig ist es, jede Mahlzeit bewusst zu genießen – statt nebenbei E-Mails abzurufen, Telefonate zu führen oder Akten zu bearbeiten.

Körperliche Aktivität

Bewegung und Sport sorgen für guten Ausgleich zu einem anstrengenden Alltag, vor allem dann, wenn Sie überwiegend im Sitzen arbeiten. Stress wird durch körperliche Aktivität rascher abgebaut und Sie finden leichter Abstand zum Alltag. Bewegung und Sport machen Sie auch widerstandsfähiger gegenüber alltäglichen Belastungen. Es gibt einige neuere Studien, die speziell Ausdauersportarten wie Jogging, Walking, Radfahren, Schwimmen positive Einflüsse auf die Stimmung zuschreiben und auch belegen, dass dadurch die Neubildung von Nervenzellen im Gehirn angeregt wird. Bewegung fördert also gute Laune und stärkt die mentale Fitness, die Konzentrationsfähigkeit sowie die Kreativität. All dies macht Sport zu einem exzellenten Präventionsmittel gegen Stress und damit auch gegen Burnout.

Wünschenswert ist, sich täglich mindestens 30 Minuten lang draußen an der frischen Luft zu bewegen – beispielsweise zu joggen, Ball zu spielen, zu walken oder Ähnliches. Wenn Sie jedoch wie viele Frauen Mehrfachbelastungen ausgesetzt sind, ist ein solches »Extra«-Vorhaben oft schwierig zu realisieren. Dabei haben aber schon eine Viertelstunde ganz einfaches strammes Gehen oder Radeln spürbare Wirkungen. Beispielsweise haben Sie auch schon mit einer Viertelstunde Schnee schippen und einer Viertelstunde Abendspaziergang Ihre halbe Bewegungsstunde absolviert. Je öfter Sie sich Bewegung verschaffen, desto besser. Täglich nur einen Tick mehr als bisher Bewegung in den Alltag zu bringen ist schon viel besser, als gar nichts zu tun. Gelegenheiten dafür gibt es viele. Dazu gehört es beispielsweise grundsätzlich die Treppe statt den Lift zu nehmen, kleinere Einkäufe zu Fuß oder mit dem Fahrrad zu erledigen.

Zusätzlich zu diesem täglichen Mini-Bewegungs-Programm empfiehlt es sich, an wenigstens einem Abend pro Woche konzentriert sportlich aktiv zu sein. Wählen Sie eine Sportart, die Ihnen Spaß macht, und überlegen Sie sich auch, ob Sie lieber allein, mit Ihrem Partner oder einer guten Freundin trainieren wollen oder generell das Training in einem Verein vorziehen. Wenn wir mit anderen zusammen aktiv sind, fällt uns meist das Durchhalten leichter.

Tipp: Wenden Sie nun nicht den gerade erst überwundenen beruflichen Perfektionismus auf das sportliche Training an! Bewegung soll Ihnen einen Ausgleich schaffen und dazu dienen, Stress abzubauen und Ihre Energie zu stärken – und Ihnen nicht neuen Stress bescheren.

Erholsamer Schlaf

Wer gut ausgeschlafen in den Tag startet, geht ausgeruht und mit mehr Energie ans Werk. Doch wie viel Schlaf ist notwendig? Als Faustregel lässt sich sagen, dass Sie als berufstätige Frau mit Mehrfachbelastungen und einschließlich Pausen sowie Arbeitsweg zehn bis zwölf Stunden Gesamtarbeitspensum etwa sieben bis acht Stunden Schlaf brauchen, um gesund und leistungsfähig zu bleiben. Finden Sie heraus, nach wie vielen Stunden Sie sich wirklich ausgeschlafen fühlen, und achten Sie darauf, diese Stunden auch einzuhalten. Wer unter hohem Leistungsdruck steht oder vielfältige Probleme lösen muss, hat oft Schwierigkeiten, einzuschlafen oder durchzuschlafen. Um besser zur Ruhe zu kommen, können Sie sich eine Schlafroutine angewöhnen, also zu festen Zeiten ins Bett gehen und, ähnlich wie bei Ihrem Feierabendritual, das Schlafengehen mit bestimmten Tätigkeiten einleiten. Sie können sich beispielsweise eine Tasse Kräutertee aufbrühen und ihn schluckweise trinken, eine warme Dusche nehmen oder auch etwas Entspannendes lesen bis die Augenlider langsam schwer werden. Gedanken an die Arbeit oder an zu lösende Probleme bleiben außen vor. Morgen ist auch noch ein Tag. Wenn Sie sich dieses bewusste Abschalten zur Gewohnheit machen, pendelt sich Ihre innere Uhr ein und Sie kommen immer leichter zur Ruhe.

Checkliste: Akku aufladen

- Wie ich für regelmäßige Entspannungspausen sorgen will: ...
- Wie ich mich in meiner Freizeit gut entspanne: ...
- Wie ich für gesunde Ernährung sorgen will: ...
- Was ich dafür tun will, mich ausreichend zu bewegen: ...
- Wie ich für meinen erholsamen Schlaf sorge: ...

6. Sich wieder freuen können: Erkennen Sie Ihre persönlichen Kraftquellen

Überlegen Sie nicht nur, wie Sie Druck und Dauerstress in Ihrem Leben abbauen, Aufgaben delegieren und Gutes für Ihre Gesundheit tun können. Machen Sie sich nun auch Gedanken darüber, was Ihnen Freude macht und wie Sie dem mehr Raum in Ihrem Leben geben können. Denn das ist es, was das Leben für uns lebenswert macht. Oft sind es gerade die kleinen sinnlich intensiven Momente, die das Wohlbefinden deutlich heben. Obwohl sie meist nur wenig Aufwand erfordern, fallen sie häufig dem Zeit- und Nützlichkeitsdiktat zum Opfer. Beispielsweise drei bis fünf Minuten Zeit, um sich mit einem der persönlichen Lieblingssongs auf den Tag einzustimmen. Eine Minute Zeit, um einen strahlenden Sonnenaufgang zu genießen oder intensiv frisch geschnittenes Gras zu riechen. Bruchteile einer Minute Zeit, um jemanden freundlich zuzulächeln. Solche kleinen Lichtblitze, die unsere »Glückshormone« zum fließen bringen, sind wichtig. Sie auszublenden macht unser Leben eintöniger und schematischer – und von »Zeitgewinn« kann man dann nicht wirklich sprechen, eher von Genussverlust.

Verschieben Sie die Wohltaten des Lebens nicht bis zur Rente

Beziehen Sie also Alltagsfreuden bewusst in Ihre täglichen Abläufe mit ein. Warten Sie nicht, bis sich irgendwann Zeit dafür ergibt, sondern würzen Sie Ihren Alltag mit kleinen Highlights, die Ihr Herz erfreuen. Schauen Sie sich noch einmal an, was Sie sich bei Ihrer Bestandsaufnahme (siehe Seite 70) unter dem Punkt 18 »persönliche Lichtblicke« notiert hatten. Wenn Sie nun in die Zukunft denken:

- Welche weiteren Lichtblicke fallen Ihnen ein, die Bestandteil Ihres Alltags werden könnten?
- Wie könnten Sie dafür sorgen, dass diese kleinen Highlights sich gehörig vermehren?

Schreiben Sie fünf Minuten lang zügig hintereinander, ohne abzusetzen, alles auf, was Sie in gute Laune versetzt oder ein Lächeln auf Ihr Gesicht zaubern könnte. Eine Klientin hat sich beispielsweise unter anderem aufgeschrieben: Bruce Springsteen hören, frische Himbeeren essen, von einem hohen Gebäude in die Weite schauen, ein edles Öl für die Duftlampe kaufen, in der Mittagspause im Stadtpark spazieren gehen. Eine sehr visuell orientierte Klientin hat vieles aufgeschrieben, was mit Sehen zu tun hat: Ausstellungen, Kino, Theater, aber auch: selber Fotos machen, ein Hobby, das im Zuge ihres beginnenden Burnouts völlig ins Hintertreffen geraten war.

Überlegen Sie nicht lange, schreiben Sie los – ohne zu zensieren oder etwas durchzustreichen. Denken Sie an alle Ihre Sinne: sehen, hören, riechen, schmecken, fühlen. Erinnern Sie sich auch an vergangene Freuden, die Sie sich durchaus auch wieder so oder ähnlich gönnen könnten. Wenn Sie dann beim Klingelton mit Schreiben aufhören, werden Sie wahrscheinlich erstaunt sein, was Ihnen alles in den Sinn gekommen ist.

Bewahren Sie die Liste auf und nehmen Sie sie in den nächsten Tagen immer mal wieder in einer Arbeitspause und auch nach Feierabend zur Hand. Lesen Sie durch, was Sie geschrieben haben, und ergänzen Sie die Liste jeweils um weitere Anregungen für das, was Sie freut, was Sie genießen und was Sie glücklich macht.

Lassen Sie sich Zeit dabei. Betrachten Sie Ihre Umgebung aufmerksam und konzentrieren Sie sich darauf, immer wieder neue kleine Lichtblicke zu entdecken und sie Ihrer Liste hinzuzufügen.

Nehmen Sie dann einen Stapel Karteikarten zur Hand und übertragen Sie jedes der kleinen persönlichen Highlights auf ein gesondertes Kärtchen. Mischen Sie am Ende alle Karten und legen Sie sie in eine Box.

Nun greifen Sie jeden Morgen nach dem Zähneputzen in die Box und ziehen sich ein Kärtchen. Ihre Aufgabe ist, das, was auf dem Kärtchen steht, an diesem Tag in die Tat umzusetzen. Natürlich *dürfen* Sie jenseits dessen für zusätzliche Wohltaten sorgen, so viel Sie wollen, aber diese eine Karte betrachten Sie als Auftrag für den Tag, den hierauf notierten Wunsch zu verwirklichen. Am Ende des

Tages wandert das Kärtchen in die Box zurück und es wird neu gemischt. Und natürlich können und sollten Sie weiter die Augen offen halten und Ihre Box stetig um weitere dieser Mini-Kraftquellen ergänzen und sich über das wachsende Repertoire an kleinen Alltagsfreuden freuen, die Sie sich selbst erfüllen und die Ihnen guttun.

Wer sich nichts gönnt, wird bitter

Burnout-Gefährdung geht oft mit einer Verflachung des Erlebens und dem Abstumpfen der Sinne einher. Es entwickelt sich ein Tunnelblick, mit dem wir nur noch die Anforderungen wahrnehmen, die wir selbst und andere an uns stellen, während schöne Momente an uns vorüberziehen, oft ohne dass wir sie überhaupt zur Kenntnis nehmen.

Wenn wir über längere Zeit in diesem Funktions-Modus leben, neigen wir zunehmend zu Ungeduld und Unduldsamkeit gegenüber anderen und zu einem unterschwelligen Neid auf alle, die es sich besser gehen lassen. Vielleicht würden wir ja auch gerne ... aber wir gestatten es uns nicht. Das untergräbt die Lebensfreude weiter und man fühlt sich immer mehr als Opfer der Umstände. Das wiederum schürt den Groll und macht bitter.

Indem Sie bewusst an jedem Tag für schöne Momente sorgen, durchbrechen Sie dieses Muster. Je mehr Sie sich selbst Lichtblicke zugestehen, desto lockerer können Sie wieder mit anderen umgehen und sich auch an deren Glück erfreuen.

Mit allen Sinnen die Lebenszufriedenheit stärken

Wir nehmen täglich viel mehr Reize auf, als wir verarbeiten können. Wenn wir nur von einem Reiz zum nächsten springen, lässt uns dies kaum mehr Zeit zu Vorfreude und Erinnerung. In dem Maß, wie Sie bewusst Prioritäten setzen und sich von Überflüssigem und Unwichtigem entlasten, können auch Klarheit und mehr Ruhe in Ihren Alltag einkehren. Das, was Sie für sich als wichtig erkannt haben, gewinnt ein höheres Gewicht, eine größere Bedeutung.

Eines der Geheimnisse von Lebenszufriedenheit ist es, weniges intensiv erleben zu können anstatt vieles nur flüchtig vorbeiziehen zu lassen. Eine Schlüsselrolle kommt dabei unseren Sinnen zu. Sicher, »eingeschaltet« sind sie immer – wir sehen, hören, riechen und schmecken fast ständig etwas, nehmen wahr, ob es heiß oder kalt ist, ob wir das, was wir gerade anfassen, als angenehm oder unangenehm empfinden. Doch wenn wir gleichzeitig den Kopf voller Gedanken haben, ziehen all diese Wahrnehmungen nur vorbei, bleiben an der Oberfläche und erzeugen keine Resonanz. »Tue, was du tust«, heißt es im Zen. Man könnte auch sagen: »Sei ganz bei dem, was du gerade wahrnimmst.«

Dies lässt sich natürlich nicht während des ganzen Tages verwirklichen – meist nicht einmal eine halbe Stunde lang. So anspruchsvoll muss es aber auch gar nicht sein. Worum es geht, ist, häufiger mal innezuhalten und bewusst zu erleben, was Sie gerade über Ihre Sinne wahrnehmen (wie es Ihnen geht, wie Ihre Umgebung beschaffen ist) und mit Ihren Gedanken ganz bei dem zu sein, was Sie gerade tun. Das muss nichts Spektakuläres sein. Wenn Sie beispielsweise eine Treppe hinaufsteigen, seien Sie sich der Bewegung Ihres Körpers bewusst, erleben Sie ihre Beine und Füße, wie sie abrollen und aufsetzen, wie Ihr Rhythmus dabei ist, wie Sie atmen. Nehmen Sie wahr, wie Ihre Hand das Geländer umfasst, spüren Sie seine Beschaffenheit, ob es glatt oder rau, kühl oder warm ist.

Wenn Sie gerade eine Pizza essen, betrachten Sie, wie sie belegt ist, erfassen Sie die Farbschattierungen und die Formen des Belags, erkennen Sie die einzelnen Bestandteile – Tomaten, Käse, Peperoni … so, als würden Sie zum ersten Mal in Ihrem Leben eine Pizza sehen. Schnuppern Sie, nehmen Sie den Duft der Kräuter und Gewürze auf und dann genießen Sie den ersten Bissen.

Zünden Sie am Abend eine Kerze an und konzentrieren Sie sich auf den Lichtschein, das sanfte Flackern dieses kleinen offenen Feuers, fühlen Sie die Wärme, die davon ausgeht, und schauen Sie der tanzenden Flamme eine Weile zu.

Geben Sie ein paar Tropfen Aromaöl in eine Duftlampe. Lavendel, Sandelholz, Rose – was immer Sie mögen, und lassen Sie Ihre Nase wahrnehmen, wie der Duft sich entfaltet. Seien Sie in diesem Moment »ganz Nase« und schalten Sie alles andere aus.

Wählen Sie eine Musik-CD aus Ihrer Sammlung aus – greifen Sie ohne lang zu überlegen nach dem, wonach Ihnen gerade ist, und lassen Sie die Musik bewusst auf sich wirken. Hören Sie einfach nur zu, tun Sie nichts anderes nebenbei – außer vielleicht, dem Rhythmus mit Ihrem Körper zu folgen, die Klänge in Bewegung umzusetzen, langsam oder auch schneller, je nachdem, wie Ihr Körper sich bewegen will.

Dieses bewusste sinnliche Erleben bringt wieder mehr Tiefe in unsere Wahrnehmung, beruhigt Aufgewühltheit und stärkt unsere Präsenz im Hier und Jetzt.

Resonanz in der Natur erfahren

Besonders deutlich können wir dieses Einssein mit unserer sinnlichen Wahrnehmung in der Natur spüren. Schon ein kleiner Spaziergang in einem Park kann Ihnen Impulse geben. Setzen Sie sich auf eine Bank und schauen Sie zum Himmel. Betrachten Sie die Wolken, wie sie vorüberziehen. Folgen Sie den Formen, die sich immer wieder neu bilden und wieder auflösen. Lauschen Sie dem Zwitschern der Vögel und nehmen Sie die unterschiedlichen Vogelstimmen und Laute wahr. Spüren Sie den Wind auf Ihrer Haut und im Haar. Riechen Sie die Düfte der Blumen, der Gräser, der Erde. Betrachten Sie Licht und Schatten. Konzentrieren Sie sich auf einen einzelnen Baum und versuchen sie ihn ganz zu erfassen: den Stamm, wie er sich nach oben in Äste und Zweige ausfächert, das Blätterdach, die Wurzeln, wie sie sich in die Erde senken … spüren Sie, wie Ihre Wahrnehmung in Ihnen eine Resonanz hervorruft.

Einer Studie englischer Forscher (Joe Barton/Jules Pretty, University of Essex, Colchester 2010) zufolge hat schon ein kurzer Aufenthalt in der Natur eine sofortige aufhellende Wirkung auf die Psyche. Die Stimmung hebt sich und auch das Selbstwertgefühl wird gestärkt. Wie man beobachtet hat, war dieser Effekt besonders stark bei Jüngeren und bei psychisch gestressten Menschen. Gerade wenn Sie viel Stress im Alltag zu bewältigen haben und sich müde und erschöpft fühlen, wird Sie also ein Spaziergang in der Natur besonders gut entspannen und erfrischen.

Übung: Natur erleben

In der Natur können Sie zur Ruhe kommen und Momente der Stille erleben. Die Arbeit ist fern, es gibt keine Gespräche und wenig Ablenkung. Der freie Himmel vermittelt ein Gefühl von Weite. Sie tun nichts, sind einfach nur da und spüren, wie Ihr Atem kommt und geht. Auftauchende Gedanken lassen Sie vorüberziehen. Ein solches Innehalten, in dem Sie sich mit nichts beschäftigen, lässt Sie spüren, dass Sie *da* sind, dass Sie ein Teil des Lebens sind, wie die Bäume, die Vögel, das Wasser und das Eichhörnchen, das vielleicht gerade vorbeispringt. Dies stärkt Ihre Lebenskräfte.

Auch an Ihrem Arbeitsplatz sollte es etwas Grün geben: eine oder auch mehrere Pflanzen, auf die Sie immer mal wieder kurz Ihren Blick richten und ein paar Minuten lang nur dasitzen, ohne sich mit etwas zu beschäftigen, sondern das Grün wahrnehmen und atmen.

Die persönliche Schöpferkraft als Kontrapunkt zum Burnout

Kreativität ist ein wesentlicher Teil unserer selbst. Unser schöpferisches, gestalterisches Potenzial hilft uns im Alltag vielfach dabei, Probleme zu lösen. Unsere spielerische Kreativität, die uns auch ein Stück weit wieder Kind sein lässt, setzen wir hingegen nicht dafür ein, die Effektivität zu verbessern oder den Ertrag zu erhöhen, sondern dazu, Erfahrungen zu machen und uns selbst zu erleben.

Wo sind Sie früher in diesem Sinne begeistert kreativ gewesen? Haben Sie gerne modelliert? Gemalt? Ein Musikinstrument gespielt? Komponiert? Tänze erfunden? Gesungen? Mit verschiedenen Materialien etwas gebastelt? Gedichte oder Geschichten geschrieben?

Sich selbst auszudrücken mit den Mitteln, die uns am meisten locken und am meisten liegen, lässt uns jenseits von Wettbewerb und Zweckdenken Selbstwert erfahren, stimmt uns harmonisch und zufrieden. Eröffnen Sie aber bitte keine neue Perfektions-Arena, sehen Sie sich nicht gleich wieder in Wettbewerb mit anderen: Es geht um erleben und erfahren, spielerisches Tun, in dem Sie sich selbst auf eine andere Weise erfahren, als dies in Ihrem beruflichen und familiären Alltag der Fall ist.

Wenn Sie an früheres kreatives Schaffen denken – woran könnten Sie anknüpfen? Was haben Sie früher einmal gerne und häufig gemacht, was aber im Laufe der Zeit verkümmert ist? Was auch immer es war: Es war etwas, was Sie in einen Zustand des »Flow« versetzte, wo Sie Raum und Zeit vergaßen und ganz in Ihrem Tun aufgingen. Prüfen Sie, ob das, was Sie damals gerne getan hatten, Sie auch heute noch anzieht. Falls das nicht so ist, dann überlegen Sie, welche schöpferische Aktivität Sie heute begeistern könnte. Wozu fühlen Sie sich hingezogen?

Kreativität lässt sich nicht erzwingen – und sollte auf keinen Fall »verordnet« werden, sonst ist dies nur eine zusätzliche Pflicht, die es zu erfüllen gilt. Nein, es geht darum, etwas zu entdecken, womit Sie das ausdrücken können, was Sie im Inneren bewegt. Und das kann auch eine Form finden, die Sie bisher noch nie für sich in Erwägung gezogen hatten. Mag sein, dass Sie die Idee haben, einen Film zu drehen – und gleich steht der innere Zensor parat, der sagt: »Was für ein Quatsch – du hast keinerlei Erfahrung damit, keinerlei Ahnung, wie das funktionieren kann, keinerlei Beziehungen zu Leuten, die sich da auskennen …« Völlig egal. Wenn es Ihr inneres Anliegen ist, ein Drehbuch zu schreiben, es ist in keinem Fall umsonst, wenn Sie sich hinsetzen und diese Story entwickeln, mit deren Botschaft Sie gerne ein großes Publikum erreichen würden. Auch wenn sie nie diesen Weg nimmt: egal! Es kommt nur darauf an, was Sie fühlen und was Sie erleben, wenn Sie Ihren Gedanken eine Form geben.

Dies ist ein Ansatz, der dem Nützlichkeitsdenken und der Vergütung des Aufwands in Euro entgegensteht, und dies ist für Sie vielleicht ungewohnt. Doch wenn Sie Ihrer

Checkliste: Persönliche Kraftquellen

- Wie sorge ich dafür, meinen kleinen Lichtblicken im Alltag mehr Raum zu geben? ....
- Wie übe ich das Gewahrsein des Augenblicks? Welche Möglichkeiten fallen mir ein und wie setze ich dies um? ....
- Möglichkeiten, wie ich häufiger in der Natur Momente der Stille erleben kann: ....
- Mit welchen kreativen Mitteln möchte ich das, was mich bewegt, gerne ausdrücken und wann fange ich damit an? ....

Kreativität Raum geben, ohne gleich das Nützlichkeitsdenken dabei einzuschalten, werden Sie merken, dass Sie sich selbst näher kommen und zu Ihrer Mitte finden – und das kann so spannend werden wie ein Krimi.

7. Bauen Sie auf Menschen, die Ihnen guttun

Manchmal fühlen wir uns vielleicht sehr allein und glauben, wir müssten alles mit uns selbst ausmachen, vor allem dann, wenn Probleme und Konflikte uns plagen. Aber letztlich brauchen wir andere Menschen, um uns geschätzt, bestätigt und sicher zu fühlen – auch dann, wenn wir nicht auf der Höhe unserer Kraft sind, sondern uns überfordert, überlastet und hilflos fühlen. Gerade dann ist es wichtig, uns jemandem mitteilen zu können, dem wir vertrauen und der uns liebt und schätzt. Für viele von uns ist dies der Ehe- oder Lebenspartner, für andere eine gute Freundin oder ein Kollege. Wenn wir uns verstanden fühlen, fühlen wir uns oft schon etwas entlastet, sogar wenn sich noch keine konkrete Lösung der Probleme abzeichnet, mit denen wir uns gerade herumschlagen. Es ist die Präsenz des anderen und das aufrichtige Interesse, das er oder sie uns entgegenbringt, die uns helfen, eine schwierige Situation zu reflektieren und dann selbst Lösungen zu finden.

Wer schätzt Sie? Wer versteht Sie?
Mittlerweile ist auch durch verschiedene Studien bestätigt, dass Menschen, die sich in ein tragfähiges soziales Netzwerk eingebunden fühlen, einer geringeren Gefahr ausgesetzt sind, auszubrennen. Das ist natürlich kein Grund, Kontakte zu anderen Menschen als »Burnout-Prophylaxe« zu instrumentalisieren. Aber wir sollten uns immer wieder vergegenwärtigen, dass ein intaktes Familienleben,

gute Freundschaften und befriedigende Beziehungen zu anderen ebenso wichtig für uns sind wie unser Job und unser berufliches Weiterkommen.

Wir haben im Alltag eine Vielzahl von Kontakten, denken aber selten darüber nach, welche Menschen uns eigentlich wirklich etwas bedeuten, mit wem wir gerne mehr unternehmen wollen. Viele Kontakte dienen nur der Nützlichkeit. Wir versprechen uns davon Vorteile, Weiterkommen, berufliche Optionen. Dagegen ist nichts einzuwenden – aber was wir noch viel mehr brauchen, sind Menschen, mit denen wir uns vertraut fühlen, die Dinge mit uns teilen, die wir mögen, die uns wichtig sind und in deren Gegenwart wir uns entspannt und lebendig fühlen.

Unser Wohlbefinden hängt grundlegend von der Qualität unserer Kontakte zu anderen ab, besonders von der Qualität unserer engen Beziehungen. Ein erfülltes Familienleben und ein Kreis guter Freundinnen und Freunde sorgen im Alltag für ein Gefühl des Rückhalts und der Zugehörigkeit.

Wie viele Verwandte, Freundinnen und Freunde, Kollegen und Bekannte haben Sie? Mit welchen Menschen verbringen Sie Zeit, ohne dass Ihnen dies wirklich etwas gibt? Vielleicht aus reiner Gewohnheit, vielleicht, weil Sie schlecht Nein sagen können? Überlegen Sie, welche persönlichen Beziehungen zu anderen Ihnen wichtig sind – und ob Sie Ihnen auch den Stellenwert in Ihrem Leben einräumen, den es braucht, um die Beziehung lebendig zu halten.

Wie bewerten Sie Ihr Beziehungsportfolio? Ist es in Ordnung so für Sie? Oder würden Sie gerne etwas ändern? Überwiegen die Beziehungen, die Ihnen guttun, oder diejenigen, die Sie anstrengen und belasten? Erscheint Ihnen Ihr Portfolio als überfrachtet, als ausgewogen oder als eher mager bestückt? Wie viel Zeit wenden Sie für Kontakte mit Menschen auf, an denen Ihnen liegt, und wie viel Zeit widmen Sie belanglosen oder problematischen Kontakten?

Übung: Mein Beziehungsportfolio

Nehmen Sie sich etwas Zeit und denken Sie über die Menschen nach, die Sie kennen – im näheren Umfeld, im Job, in Ihrer Freizeit. Fragen Sie sich:

- Wer tut mir gut? Mit wem bin ich gern zusammen? Und von wem habe ich den Eindruck, dass er auch mit mir gerne zusammen ist?
  ……………………………………………………
- Von wem fühle ich mich verstanden und akzeptiert? ……………………………………………
- Wer bringt mich zum Lachen und dazu, alltägliche Sorgen loszulassen? ………………………
- Wer ist auch dann für mich da, wenn es mir nicht gut geht, wer hat ein Ohr für Probleme und Konflikte, ohne mich belehren zu wollen?
  ……………………………………………………
- Mit wem bin ich häufig zusammen, habe aber den Eindruck, dass jede Begegnung einen Missklang hinterlässt? ……………………………………
- Wer langweilt mich? ……………………………
- Von wem fühle ich mich häufig unverstanden und abgelehnt?……………………………………
- Welche meiner Kontakte sind reine Pflichtkontakte?……………………………………………
- Welche meiner guten Kontakte und Freundschaften sind eingeschlafen, weil ich immer weniger Zeit erübrigt habe, sie zu pflegen?
  ……………………………………………………

- Mit wem wäre ich gerne häufiger zusammen, verschiebe das aber immer wieder, weil ich davon überzeugt bin, zu viel zu tun zu haben? ....

Halten Sie Ihre Gedanken dazu am besten schriftlich fest. Überlegen Sie, welche Menschen Ihr Leben bereichern und welche Sie eher belasten, ärgerlich stimmen oder niederdrücken. Nehmen Sie dabei auch Ihr Adressverzeichnis zu Hilfe. Kringeln Sie die Namen derjenigen ein, die Sie besonders lieben, mögen und schätzen, und setzen Sie vor jene, die Ihnen Kraft rauben und Ihnen nichts geben, ein Minuszeichen.

Zeit können Sie immer nur einmal verbringen, klar, das ist so. Und dennoch machen wir uns das oft nicht genügend bewusst. Wenn wir kontaktarm vor uns hinleben oder unsere Zeit hauptsächlich mit Menschen verbringen, die unsere Stimmung nach einem anstrengenden Tag vollends in den Keller fahren lassen – spätestens dann ist es an der Zeit, etwas zu ändern.

Sie haben die Wahl. Die Zeit und Energie, die Sie in schwierige, unbefriedigende Beziehungen investieren, fehlt Ihnen für diejenigen Menschen, die Ihnen wirklich etwas geben, in deren Gegenwart Sie aufblühen, Stress und Sorgen loslassen können und sich willkommen und verstanden fühlen.

Bei gemeinsamen Unternehmungen mit Menschen, die uns guttun und denen wir vertrauen, können wir frei reden, zu unseren Empfindungen stehen und uns Probleme von der Seele reden – aber auch mal albern sein, lachen und Blödsinn machen, statt ständig auf der Hut zu sein, wir könnten irgendetwas falsch machen. Genau diese Art Kontakte ist es, die uns erleichtern und unsere Kräfte stärken.

Wenn wir uns der Lebensmitte nähern, gewinnen Beziehungen oft noch mehr Tiefe. Durch unsere gewachsene Lebenserfahrung wissen wir nun viel genauer als mit 20 oder 30, welche Menschen gut zu uns passen und welche nicht. Bücher, Fernsehen, das Internet und die vielfältigen Einkaufswelten können den direkten Kontakt zu anderen Menschen nicht ersetzen. Wenn wir im Austausch mit anderen sind, erleben wir andere Facetten unserer Persönlichkeit, als wenn wir nur um uns selbst kreisen. Guter Austausch mit anderen stärkt das Selbstwertgefühl, erweitert den Horizont und hebt die Stimmung. Wir erhalten Impulse für unsere Weiterentwicklung und können selbst Impulse geben. Beides stimmt zufrieden und tut gut: Gegenseitige Sympathie erhöht den persönlichen Energiepegel erheblich.

Lösen Sie sich von Pseudokontakten

Betrachten Sie noch einmal Ihre Aufzeichnungen zum Beziehungsportfolio und schauen Sie sich jene näher an, die Sie als anstrengend, langweilig oder enttäuschend erleben. Nicht alle dieser unbefriedigenden Beziehungen lassen sich einfach beenden, aber dort, wo es möglich ist, sich zu lösen, sollten Sie ganz bewusst eine Exit-Strategie ins Auge zu fassen. Lassen Sie sich nicht aus bloßer Nettigkeit heraus weiter von Menschen vereinnahmen, mit denen Sie nichts oder nichts mehr verbindet. Ziehen Sie sich daraus zurück. Das muss nicht als eine strikte Aufkündigung daherkommen, Sie können solche Kontakte einschlafen lassen, indem Sie die Abstände zwischen den Begegnungen mehr und mehr verlängern.

Lösen oder lockern Sie vor allem solche Kontakte, die frustrierend für Sie sind oder wo Sie das Gefühl haben, ausgenutzt zu werden. Beschränken Sie sie auf das Unumgängliche. Gerade wenn Sie viel um die Ohren haben, ist es wichtig, sich auf die Menschen zu konzentrieren, die Ihnen etwas bedeuten, und jene Kontakte in den Hintergrund treten zu lassen, die Sie nur fordern und Ihnen nichts geben.

Dies gilt auch für Engagements, die Sie irgendwann einmal eingegangen sind, die Ihnen aber mittlerweile keine Freude mehr machen und die Sie nur noch aus reinem Pflichtgefühl wahrnehmen. Stellen Sie Ihre freiwilligen und ehrenamtlichen Tätigkeiten auf den Prüfstand, beispielsweise in der Elternvertretung der Schule oder in Vereinen und Initiativen. Gibt Ihnen Ihr Engagement noch innere Befriedigung? Sind Sie noch mit dem Herzen dabei? Sehen Sie Ihre Tätigkeit nach wie vor als sinnvoll an – oder steht nur niemand sonst dafür zur Verfügung? Der Einwand »Wenn ich es nicht tue, bricht alles auseinander« zählt nicht. Denn träfe es zu, würde irgendwann ohnehin alles auseinanderbrechen – nämlich dann, wenn Sie kräftemäßig nicht mehr können. Kündigen Sie lieber jetzt Ihren Rückzug an und halten Sie nach einer Nachfolge Ausschau.

Gestalten Sie Ihr Beziehungsportfolio um

Wenn Sie sich von unbefriedigenden Kontakten zurückziehen, gewinnen Sie Zeit für diejenigen Menschen, mit denen Sie gerne zusammen sind. Räumen Sie also den Beziehungen und Engagements, die Ihnen etwas bedeuten, mehr Platz in Ihrem Leben ein. Stellen Sie im Lauf der nächsten Wochen Schritt für Schritt die Weichen zugunsten der guten und wertvollen Beziehungen in Ihrem Leben. Im Gegenzug machen Sie sich weniger verfügbar für jene Kontakte, die Sie anstrengen oder die Ihnen im Grunde nur wenig bedeuten.

Ohne ein gutes soziales Umfeld geht es nicht. Zeigen Sie Ihrem Partner, Ihren Kindern, Ihrer Familie, Ihren Freundinnen und Freunden, was sie Ihnen wert sind. Drücken Sie Ihre Wertschätzung aus: Kleine Gesten der Aufmerksamkeit, ein Lächeln, gezeigte Zuwendung und anerken-

Übung: Mein neues Beziehungsportfolio

Nehmen Sie Ihre Notizen zum Beziehungsportfolio wieder zur Hand und überlegen Sie sich, was Sie verändern wollen:

- Mit wem wollen Sie künftig weniger Kontakt haben?..
- Welche Kontakte wollen Sie ganz lösen?...........
- Welche Beziehungen würden Sie gerne intensiver gestalten? ....

nende Worte verlangen Ihnen wenig ab, tragen aber viel zur Stabilisierung von Beziehungen bei.

Halten Sie die Beziehungen zu den Menschen, an denen Ihnen viel liegt, lebendig, ergreifen Sie öfters die Initiative, etwas gemeinsam zu unternehmen. Zusammen verbrachte Zeit, Erlebtes miteinander teilen, sich für gemeinsame Ziele einsetzen und Seite an Seite Probleme lösen und Hindernisse überwinden, das ist sinnstiftend und stärkt das Zusammengehörigkeitsgefühl.

Checkliste: Beziehungen

- Was könnten Sie mit den Menschen, mit denen Sie mehr zusammen sein wollen, gut gemeinsam unternehmen? Überlegen Sie dies für jede Person gesondert: ....
- Welche Menschen möchten Sie gerne näher kennenlernen? ....
- Welche Ideen haben Sie dazu, wie Sie Ihre Beziehungen stärken und vertiefen könnten:
  ....

Den eigenen Weg finden und gehen

Um einen Burnout vorzubeugen, ist eines besonders wichtig: Nehmen Sie eine neue Haltung gegenüber den vielfältigen täglichen Herausforderungen ein, eine Haltung, die neben den vielfältigen Verpflichtungen dem persönlichen Wohlbefinden einen zentralen Stellenwert einräumt. Dazu gehört es vorrangig, psychische und körperliche Grenzen anzuerkennen und nicht weiter zu ignorieren. Eine wirksame Selbstfürsorge umfasst alle Lebensbereiche, vom Job über persönliche Verpflichtungen, Freizeit und Hobbys, der Organisation des Haushalts bis hin zu Partnerschaft, Familie und Freundschaften.

Je nachdem, wo Ihre persönlichen Überforderungszonen liegen, sind unterschiedliche Schwerpunkte in der Neuorientierung gefragt. Wer beispielsweise mit dem Thema Abgrenzung wenig Schwierigkeiten hat, aber bislang Entspannungsphasen als Zeitverschwendung betrachtet hat, sollte nun nicht noch mehr Abgrenzung üben, sondern lernen, wieder mehr loszulassen und sich Erholung zu gönnen.

So haben auch Annika, Ruth und Helene ihre individuellen Wege eingeschlagen, den Burnout-Tendenzen in ihrem Leben entgegenzuwirken:

Praktische Konsequenzen: 3 Fallbeispiele

Fallbeispiel 1: Annikas Weg

Für mich war es am wichtigsten, diesen Anspruch loszuwerden, meinem Ex, meinem Vater und meiner Stiefmutter zu beweisen, dass ich alles richtig mache. Ich hatte mich allzu sehr darauf konzentriert, wie andere mich sehen und bewerten, und mich zu wenig gefragt, was ich eigentlich selber will. An dem Punkt »Prioritäten setzen« habe ich lange herumgekaut. Es erschien mir einfach alles wichtig, und ich wollte den Job ebenso perfekt auf die Reihe kriegen wie die Kindererziehung und den Haushalt. Schließlich habe ich erkannt, dass meine persönlichen Top Five anders gelagert sind, als ich bisher gedacht hatte. Natürlich spielen die Kinder eine große Rolle, daran hat sich an sich nichts geändert. Doch jetzt kommt es mir mehr darauf an, dass wir Dinge gemeinsam unternehmen: in die Eisdiele gehen, aufs Stadtfest, ins Kindertheater, zum Schwimmen, solche Sachen. Beim Haushalt lasse ich öfter mal fünf gerade sein. Was soll's? Hauptsache, wir fühlen uns wohl. Das mit dem Wir-Bewusstsein fand ich genial: dass nicht ich die bin, die alles in Schuss hält, sondern die Kinder auch mithelfen, wir das zusammen machen. Natürlich ist das keine echte Entlastung, dazu sind sie ja noch zu klein, aber es rührt mich, wie eifrig sie mitmachen.

Außerdem habe ich gemerkt, dass mein derzeitiger Job eine Sackgasse ist. Ein Gespräch mit meinem neuen Chef hat nicht dazu beigetragen, mehr Verständnis für meine Situation zu wecken. Er hat mich einfach vor die Alternative gestellt, entweder stocke ich auf oder er würde eben die Stelle anders besetzen müssen. Das hat mich geschockt. Ich habe erst einmal gesagt, ich würde darüber nachdenken. Aber da ist mir klar geworden, dass ich das so nicht will. Seitdem habe ich mich auf andere Stellen beworben.

Zwei Vorstellungsgespräche liefen ins Leere, doch das dritte scheint nun erfolgreich zu werden. Und wenn nicht? Ich habe die Angst vor dem Scheitern verloren. Wenn tatsächlich das Allerschlimmste eintritt, wenn es nichts mit einem neuen Job wird und mein Chef mich feuert, dann muss mein Ex überbrückungsweise ran. Ich muss ihm nichts mehr beweisen. Ich weiß, dass ich mittelfristig etwas finden werde, ich bin gut in meinem Job. Doch mir ist bewusst geworden, dass ich noch mehr zum Leben brauche als den Job und die Sorge für meine Kinder.

Einer meiner Top Five ist, dass Freizeit wirklich Freizeit ist: Ich nehme keine Arbeit mehr mit nach Hause und achte sorgfältig auf meine Pausen. Ich möchte gerne mehr dafür tun, innerlich zur Ruhe zu kommen. Früher habe ich gerne Ausflüge in die Natur unternommen und dabei gute Gespräche geführt, zusammen mit meiner Freundin Marion. Die ist nun zwar schon seit einiger Zeit weggezogen, aber nun war ich zum ersten Mal mit einer Kollegin unterwegs und das hat uns beiden Spaß gemacht. Und hinterher fühlte ich mich erholt und richtig gut. Das schreit förmlich nach Wiederholung. Das, was ich noch als wichtig erkannt habe, ist der Wunsch nach einer neuen Beziehung. Da habe ich noch keine Idee, wie ich dies verwirklichen kann, aber egal: Es ist ein Fernziel, und ich habe Zeit.

Fallbeispiel 2: Ruths Weg

Das Wichtigste für mich war, diese Bestandsaufnahme zu machen, obwohl ich da am Anfang dachte, o Himmel, schon wieder ein Fragebogen. Doch durch die Beantwortung der Fragen ist mir klar geworden, wie freudlos mein Leben eigentlich geworden ist. Das hat mich richtig schockiert. Dass ich eigentlich nur noch gedacht habe: Wie mache ich es meinen Kunden recht, und wie mache ich es Robert recht. Früher habe ich mit Begeisterung fotografiert, habe Städtereisen gemacht und mir viele Ausstellungen angeschaut, bin viel ins Kino und ins Theater gegangen, war überhaupt sehr unternehmungslustig. Das ist alles irgendwie verloren gegangen.

Beim Aufstellen meiner persönlichen Top Five sah ich dann deutlich, dass die Kreativität mein zentraler Wert ist, mein Lebenselixier. Na klar, früher hatte ich sie fleißig »gefüttert«, indem ich mich mit neuen Ideen auseinandersetzte, und dass ich jetzt so ausgedörrt bin, führe ich schon darauf zurück, dass ich mir keine Muße mehr für neuen Input gegönnt habe. Kreativ und unabhängig in meinem eigenen Büro arbeiten zu können bedeutet mir letztlich sogar mehr als meine Beziehung zu Robert, obwohl mir an ihm auch sehr viel liegt. Das mag sich vielleicht schockierend anhören, aber so ist es nun mal.

Ganz wichtig für mich war, zu erkennen, dass meine Unfähigkeit, Nein zu sagen, wohl die Hauptursache dafür war, in diesen Erschöpfungszustand hineinzugeraten. Irgendwie lauerte da immer so ein Gefühl, dass ich das eigentlich gar nicht dürfte, meinen Job an die erste Stelle zu setzen. Seitdem ich mich dazu bekenne, dass kreatives Schaffen für mich wie Luft zum Atmen ist, habe ich komischerweise mit Robert nicht mehr, sondern weniger Konflikte.

Es war ein Schock für mich, zu erkennen, wie sehr ich mich mit dem Anspruch übernommen hatte, es allen recht machen zu wollen, vor allem, zu sehen, dass ich damit die Quellen meiner Kreativität selber immer mehr austrockne. Jetzt habe ich damit angefangen, mit meinen Kunden bessere Bedingungen und mehr Zeit für die Auftragsabwicklung auszuhandeln, und obwohl mir keiner bisher deswegen die rote Karte gezeigt hat, muss ich jedes Mal meine Angst davor überwinden, den Auftrag zu verlieren, wenn ich Ansprüche stelle. Ein zähes Muster, da werde ich wohl noch einige Zeit brauchen, bis sich das verliert. Aber ich bleibe dran, denn es tut mir sehr gut, jetzt mehr Zeit für mich selbst zu haben. Die verwende ich dazu, mich bei schö-

ner Musik zu entspannen, mit Robert zusammen zu sein oder auch wieder wie in alten Zeiten mit dem Fotoapparat durch die Natur zu streifen. Ab und zu setze ich mich dann auf eine Bank und komme zur Ruhe, nehme nur wahr, was da ist. So langsam taucht auch meine Lust, mir neue Filme und Theaterstücke anzusehen, wieder auf. Nachdem Robert aber kein Film- und Theaterfan ist, schaue ich mir interessante Produktionen auch alleine an, bin aber auch auf der Suche nach Gleichgesinnten. Gemeinsam macht's einfach mehr Spaß, da kann man hinterher diskutieren.

Dass es mir besser geht, merke ich vor allem daran, dass ich wieder häufiger durchschlafe und ganz allgemein die Angst weniger wird und ich wieder öfter gute Laune habe. Wie es mit Robert und mir weitergehen wird, weiß ich noch nicht. Ich möchte schon mit ihm zusammenbleiben, auch wenn wir recht verschieden sind – aber ich gerate nicht mehr so in Panik, wenn ich mir vorstelle, es könnte doch nicht klappen mit uns. Vielleicht kann ich Robert auch für eine Paarberatung gewinnen, das will ich auf jeden Fall in den nächsten zwei Wochen bei passender Gelegenheit ansprechen.

Fallbeispiel 3: Helenes Weg

Horst und ich haben uns mit unserem Hauskauf ganz schön übernommen, nicht finanziell, aber kräftemäßig. Trotzdem bin ich froh, dass wir es gemacht haben, denn in meinen Top Five ist das Projekt total stimmig. Nur das Tempo, mit dem wir versucht haben, es perfekt zu renovieren, war unsinnig. Und da muss ich gestehen, dass ich es war, die da die treibende Kraft war. Jetzt sehe ich: Es geht nicht. Wir kriegen das nicht bis zum Umzug hin, alles auf der Reihe zu haben. So ziehen wir jetzt halt in ein Provisorium und machen dann später Zimmer für Zimmer alles in Ruhe. Gibt halt dann mehr Rumräumerei, aber das ist immer noch besser, als sich totzuschuften. Als das klar war für mich, aber auch für Horst und unsere Töchter, da fiel mir richtig ein Stein vom Herzen. Die letzten beiden Wochenenden habe ich überwiegend geschmökert, Musik gehört, gedöst und geschlafen, und das war okay so.

Nachdem ich nun endlich mal Zeit für mich hatte, ist mir außerdem klar geworden, dass ich auch an meiner Arbeitssituation etwas ändern will. Kommunale Sparmaßnahmen hin oder her – es kann einfach nicht sein, dass die gleiche Arbeit nun von zwei Leuten weniger gemacht werden soll. Dazu sind es viel zu viele Fälle, die zu bearbeiten sind, das ist so nicht zu schaffen. Ich habe das entsprechende Gespräch mit dem Amtsleiter lange vor mir hergeschoben. Durch die Arbeit an meinen Top Five habe ich aber verstanden, dass sich hier verschiedene Dinge beißen: Zum einen mag ich meinen Job, und ich will gute Arbeit machen. Zum anderen wird dies durch die Personalkürzungen unmöglich gemacht. Und zum dritten scheue ich davor zurück, mich auf eine andere Stelle zu bewerben, weil ich dann denke, meine Klienten im Stich zu lassen. Diese inneren Denkknoten habe ich nun halbwegs entwirrt, und ich weiß jetzt, was ich will. Das Gespräch mit dem Amtsleiter ist Schritt eins. Wenn die Kürzungen in unserem Bereich nicht zurückgenommen werden, dann bewerbe ich mich tatsächlich auf eine andere Stelle. Schweren Herzens. Doch wenn die Bedingungen so bleiben, kann ich meinen Job nicht mehr gut machen, und das nützt meinen Klienten nichts und mir auch nicht.

Ich vermeide es jetzt auch, weiter Überstunden zu machen, denn damit signalisiere ich nur, dass die Personalkürzungen »handhabbar« sind. Das Tür-zu-und-jetzt-ist-Feierabend-Ritual, das ich mir angewöhnt habe, ist Gold wert. Da bin ich sehr konsequent. Und auf meinem Schreibtisch gibt es keine aufgestapelten Unterlagen mehr. Ich habe die Stapel in ein Regal gepackt. Der kleine rechts ist der für den jeweiligen Tag. Der große daneben ist der

»allgemeine«, die Dinge, für die die Zeit nicht reicht. Auf den Tisch kommt dann immer nur das, was ich aktuell bearbeite. Wenn ich damit fertig bin, sortiere ich die Unterlagen für den Vorgang in das entsprechende Fach ein und hole mir den nächsten Vorgang vom Tagesstapel. Ich hätte nicht gedacht, dass so etwas Simples einen so großen Unterschied macht zum Zustand vorher. Da war ich von den Stapeln auf dem Schreibtisch regelrecht umzingelt. Auch die Regale selbst sind nicht mehr so voll; alte, abgeschlossene Vorgänge sind jetzt im Rathausarchiv gelagert. Wenn ich doch noch einmal etwas davon bräuchte, dann müsste ich es mir eben aus dem Keller holen. Ich fühle mich jetzt wesentlich mehr als Herrin meiner Zeit, vorher hatte ich eher das Gefühl, von der Arbeit immer mehr erdrückt zu werden, jetzt kann ich freier atmen.

Bevor wir umziehen, soll es auf jeden Fall auch daheim eine große Ausmistaktion geben. Auch in unserem neuen Haus soll nicht alles zugestellt sein, nur weil wir uns von nichts trennen können. Davon muss ich allerdings auch noch Horst und die Kinder überzeugen. Na ja, das hat noch etwas Zeit. Momentan bin ich noch sehr auf Erholung gepolt. Ich werde wohl auch das nächste Wochenende mit Ausruhen verbringen, weil dies zurzeit immer noch mein größtes Bedürfnis ist. Doch schon das ist ein Fortschritt: dass ich mir zugestehe, Erholung zu brauchen, und sie mir auch nehme. Die Diagnose meiner Ärztin hat mich wachgerüttelt. Ich hatte nicht erst seit dem Hauskauf Raubbau an meinen Kräften betrieben, das war nur noch der Tropfen, der das Fass zum Überlaufen brachte.

Annika, Ruth und Helene haben die Initiative ergriffen, gegenzusteuern und etwas für sich zu tun. Sie haben damit angefangen, die eigenen Wünsche und Bedürfnisse ernst zu nehmen und ihnen den Raum zu geben, der ihnen zusteht, jede auf ihre eigene Art und Weise.

Ihr persönlicher Veränderungsplan

Wie sieht es bei Ihnen aus? Was werden Sie verändern? Die vorgestellten sieben Strategien enthalten Anregungen und Ideen, die Ansatzpunkte für Veränderungen sein können. Um das für Sie als wichtig Erkannte nicht nur graue Theorie bleiben zu lassen, sondern auch umzusetzen, braucht es eine gewisse Disziplin. Sie können sich selbst mit einem persönlichen Veränderungsplan dabei unterstützen, immer mehr Stress aus Ihrem Leben herauszunehmen und damit gleichzeitig Ihre Lebensfreude zu stärken.

Langfristig ausgerichtete Denk- und Verhaltensänderungen erfordern viel Übung, bis sie zur selbstverständlichen Gewohnheit werden. Gute Vorsätze allein sind da wenig wirksam – besser ist, ein Veränderungsvorhaben systematisch anzugehen und in umsetzbare kleine Schritte aufzuteilen.

Bei der Aufstellung Ihres persönlichen Veränderungsplans können Ihnen folgende Aspekte nützlich sein:

1. Legen Sie Ihre Ziele fest

Was genau wollen Sie verändern? Schauen Sie sich dazu noch einmal Ihre Aufzeichnungen zu den Übungen und Ihre Checklisten an und treffen Sie eine Entscheidung, in welchen Bereichen Sie Ihr Verhalten ändern wollen. Dabei geht es im Wesentlichen um zwei Fragen:

- Was wollen Sie nicht mehr? Was soll anders werden?

  ....

- Was wollen Sie stattdessen? Was ist Ihr Ziel?

  ....

Schreiben Sie alles auf, was Sie verändern wollen, kleine ebenso wie größere Vorhaben, und formulieren Sie daraus jeweils ein konkretes Ziel.

2. Legen Sie Ihre Vorgehensweise fest

Da Sie nicht alles auf einmal verändern können, gilt es, eine Wahl zu treffen, was Sie wann anpacken wollen. Es gibt zwei Kriterien, nach denen Sie dabei vorgehen können:

- Sie können mit dem Vorhaben beginnen, das Sie für das wichtigste und dringlichste halten. Veränderungen hier werden wahrscheinlich die größten positiven Auswirkungen auf Ihre Lebensqualität haben. Doch wenn hier spürbare Erfolge länger auf sich warten lassen, kann dies auch sehr demotivierend auf weitere Veränderungen wirken.
- Sie können mit kleineren, überschaubaren Vorhaben anfangen, mit Veränderungen, die relativ leicht umzusetzen sind, beispielsweise damit, kleine Entspannungspausen in den Alltag einzubauen. Hier werden Sie rascher zu Erfolgserlebnissen kommen, die dann wiederum motivieren, sich ein anspruchsvolleres Ziel vorzunehmen.

Wählen Sie die Vorgehensweise, die Ihnen am ehesten entspricht. Wichtig ist, nicht zu viel auf einmal verändern zu wollen, sondern Schritt für Schritt vorzugehen. Neue Verhaltensweisen brauchen Zeit, bis sie zur Gewohnheit werden.

3. Legen Sie die Schritte fest, die Sie zu Ihrem Ziel führen

Nutzen Sie diese praktische Methode, um Klarheit zu gewinnen, was erforderlich ist, um Ihr Vorhaben umzusetzen:

- Schreiben Sie das Vorhaben, das Sie als Erstes umsetzen wollen, oben auf ein Blatt Papier, beispielsweise: »Ich will es mir angewöhnen, pünktlich Feierabend zu machen.«

- Teilen Sie dann darunter das Blatt mit einem senkrechten Strich in zwei Hälften. Übertiteln Sie die linke Spalte mit »Lassen« und die rechte Spalte mit »Tun«.
- Nun notieren Sie unter der Rubrik »Lassen« alles, was künftig zu unterlassen ist, wenn Sie Ihr Veränderungsziel erreichen wollen.
- Bei »Tun« schreiben Sie alles auf, was Sie unternehmen können, um sich Ihrem Ziel zu nähern.

4. Bringen Sie Ihre Tun- und Lassen-Punkte in eine stimmige Reihenfolge

Sortieren Sie die einzelnen Tun- und Lassen-Punkte – am besten von »einfach umzusetzen« nach »schwierig umzusetzen«. Damit haben Sie schon die Grundlage für einen konkreten Aktionsplan erstellt. Schritt für Schritt wird die Umsetzung Sie dann zu Ihrem Ziel führen.

Nehmen Sie sich nicht zu viel auf einmal vor, machen Sie lieber kleine Schritte, dies aber stetig und ausdauernd. Haben Sie Geduld mit sich und freuen Sie sich über jeden Fortschritt. Achten Sie auch auf die positiven Veränderungen in Ihrem Körpergefühl und in Ihrer Stimmung.

Oft sind es gerade die Punkte auf der Lassen-Seite, die aus der Erschöpfung herausführen: Bei der Vorbeugung eines Burnout geht es ja nicht darum, sich viel vorzunehmen. Sondern Sie wollen zunächst einmal weniger tun, nämlich die Dinge loslassen, die es verhindern, dass Sie Ihr Ziel erreichen: Überstunden lassen, die Übernahme zusätzlicher Aufgaben lassen, Perfektionsansprüche lassen …

Dieser Philosophie des »Weniger ist mehr« folgt auch ein neuer gesellschaftlicher Trend, der sich »Downshifting« nennt: Es gibt immer mehr Menschen, die ihre Arbeitszeit verringern zugunsten von mehr Autonomie in der Lebensgestaltung. Sie folgen der Gleichung:

Weniger Arbeit = weniger Geld, aber mehr Zeit und Sinn.

Diese Lebensweise verkoppelt Glück und Zufriedenheit weniger eng mit Geld, Besitz und Status und lässt dafür Raum für persönliche Weiterentwicklung, intensivere zwischenmenschliche Beziehungen, Kultur, Kreativität und sinnliches Erleben.

Ob Sie so weit gehen möchten, liegt natürlich bei Ihnen. Doch in jedem Fall geht es darum, dass Sie wiederentdecken, was Ihrem eigenen Leben Sinn und Würze gibt. Konzentrieren Sie sich (wieder) auf die Dinge, die Ihnen wirklich etwas bedeuten. Burnout-Prophylaxe, so verstanden, ist mehr als nur Symptombekämpfung, vielmehr können Sie damit das Tor öffnen zu einem souveränen und gelassenen Lebensgefühl.

Literatur und Links

Literatur

Engelbrecht, Sigrid: Krisenfest leben, Kreuz, Freiburg 2010

Engelbrecht, Sigrid: Tanz mit dem Säbelzahntiger – Stressbewältigung für alle Stresstypen, Orell Füssli, Zürich 2009

Engelbrecht, Sigrid: Lass los, was deinem Glück im Wege steht, Gräfe und Unzer, München 2009, 4. Aufl. 2010

Fabach, Sabine: Burn-out – Wenn Frauen über ihre Grenzen gehen, Orell Füssli, Zürich 2007

Freudenberger, Dr. Herbert/North, Gail: Burn-out bei Frauen: Über das Gefühl des Ausgebranntseins, Fischer, Frankfurt/Main 1994

Linneweh, Klaus/Heufelder, Armin/Flasnoecker, Monika: Balance statt Burn-out, W. Zuckschwerdt, München 2010

Ruhwandl, Dagmar: Erfolgreich ohne auszubrennen, Klett-Cotta, Stuttgart 2007

Link-Tipps

http://www.zeitzuleben.de bietet eine Fülle interessanter Informationen und Tipps zum Thema Lebenshilfe.

http://www.hilfe-bei-burnout.de ist ein Portal mit vielschichtigen Informationen zur Burnout-Prävention.

http://praeventionsmedizin.charite.de/burnoutseminar.html beschreibt das Burnout-Präventionsseminar der Charité Berlin.

http://www.downshiftingweek.com informiert in englischer Sprache über die Downshifting-Bewegung in Großbrittannien.

http://www.sigridengelbrecht.de und www.engelbrecht-media.de geben weitere Informationen über die Autorin dieses Buches, ihre Bücher, ihr Seminar- und Vortragsangebot und ihre künstlerische Arbeit.

Wegweiser zum Test, zu den Checks und zu den Übungen

Burnout-Selbsttest 54
1. Selbst-Check Veränderungswunsch 64
Übung: Zeitbilanz 66
2. Selbst-Check Veränderungswunsch 71
Übung: Meine wichtigsten Werte 77
Die Top-Five-Tagesplanung 82
Checkliste: Setzen Sie gezielt Prioritäten? 87
Übung: Hinterfragen Sie Ihre Maßstäbe! 92
Übung: Differenzierungsliste 97
Checkliste: Wie weit haben Sie sich entperfektioniert? 99
Selbstreflexion über Ihre Entscheidungsgewohnheiten 103
Übung: Die Kunst des Nein 107
Kurz-Check für Anliegen 110
Soforthilfe: So setze ich Grenzen 111
Übung: Bestandsaufnahme für gezieltes Delegieren 115
Checkliste: Delegieren und Entlasten 121
Übung: »Mach mal Pause«-Signale 125
Übung: Entspannung in der Vorstellung 128
Checkliste: Akku aufladen 132
Übung: Natur erleben 138
Checkliste: Persönliche Kraftquellen 140
Übung: Mein Beziehungsportfolio 143
Übung: Mein neues Beziehungsportfolio 147
Checkliste: Beziehungen 147